Gunter Gerlach / Olaf Oldigs /
Lou A. Probsthayn
Weißer wurde über Nacht schwarz

SERIE PIPER
Band 1960

Zu diesem Buch

Diese Reportagen decken endlich auf, was bei uns von allen Medien unter dem lächerlichen Vorwand der »Unglaubwürdigkeit« ständig unterschlagen wird. Um so wichtiger ist es, sich über die Phänomene gründlichst zu informieren, von denen in diesem Buch berichtet wird: Wanderaale, die in der Zentralheizung ihr Unwesen treiben, Bohrlöcher im Garten, die bis nach China reichen, und Frauen, die von der Sportschau im Fernsehen Pickel bekommen.

Im Südwestfunk wurden diese Reportagen mit großem Erfolg als Serie gesendet, ein Teil davon wurde auch in der ZEIT abgedruckt.

Gunter Gerlach, geboren 1941 in Leipzig, lebt als freier Autor in Hamburg.
Olaf Oldigs, geboren 1962, Texter einer Werbeagentur.
Lou A. Probsthayn, geboren 1960 in Berlin, lebt als freier Autor in Hamburg.

Gunter Gerlach / Olaf Oldigs /
Lou A. Probsthayn

Weißer wurde über Nacht schwarz

Reporter auf der Jagd nach dem Unglaublichen

Mit 63 Schwarzweiß-Fotos

Piper
München Zürich

ISBN 3-492-11960-3
Originalausgabe
Oktober 1994

Umschlag: Federico Luci,
unter Verwendung einer Illustration
von Stephanie Wunderlich
Gesamtherstellung: Clausen & Bosse, Leck
Printed in Germany

Inhalt

Vorwort 7
Wanderaale in der Zentralheizung 9
Weißer wurde über Nacht schwarz 11
Frau wachsen eßbare Pilze auf der Haut 13
Familie ernährt sich vom eigenen Kot 15
Dies ist ein und derselbe Mann 17
»Hilfe, mir wächst eine Pflanze aus dem Ohr!« 19
»Mein Mann ist auf Fotos unsichtbar« 21
Frau klagt an: »Sportschau macht mir Pickel!« 23
Monteur sprach plötzlich nur noch russisch 25
Frau wird immer kleiner 27
Mann löste sich in Luft auf 29
Loch nach China im Garten entdeckt 32
Kind schaltet mit TV-Fernbedienung Herzschrittmacher aus 34
Holländerin weint mit den Ohren 36
Brot fiel vom Himmel und verletzte Hungernden 38
Wanderer ertrank im eigenen Schweiß 40
Französischer Bauer von Regenwolke verfolgt 42
Kamera fotografierte Einbrecher von allein 44
Schaf brachte gesundes Mädchen zur Welt 46
Ich bin eine lebende Solarzelle 48
Arbeitslosem schrumpfen die Hände 51
Teppichboden wurde lebendig 54
Hund kann Gedanken lesen 56
Aus Schweiß Millionen gemacht 58
Schauspielerin entdeckt Geheimnis ewiger Jugend 61
Kohl heilt stummes Mädchen 64
Ich bin ein künstlicher Mensch 66
Süchtig nach Waschpulver 68
Betrunken durch Tomaten 71
Tränen als Jungbrunnen 73

Engländer lebt mit Frosch im Mund 75
Computer tötete seinen Besitzer 77
Bauarbeiter mauerte sich versehentlich ein: tot! 80
Telefaxe aus der Hölle 82
Funktelefone fördern Haarwuchs 85
Eiscafé erfand Fischeis 87
Spanierin hat 75 Grad heißen Blick 89
Arzt heilt Patienten mit Kot 92
Todesstarre durch TV-Rateshow 95
Amerikaner kann nicht aufhören zu tanzen 97
Außerirdischer lebt in deutschem Gefängnis 100
Sachse hatte Atombombe in der Garage 103
Japaner klebte sich Finger wieder an 106
Daumensterben unter Brasiliens Holzfällern 109
Feinschmecker essen Hundekäse 112
Alle Hundertmarkscheine sind falsch 115
Hautverpflanzung wird Mode: Amerikanerinnen
bevorzugen schwarzen Po 118
Rote Augen auf Fotos – russischer Satellit ist schuld . . . 120
Italiener eröffnet erstes Smog-Hotel 123
Friseurin entdeckt Glückssträhnen 126
Geld wurde im Wäscheschrank weiß 129
Chinesische Lackwürmer zerstören unsere Autos 132
Toter Beamter lag elf Jahre in vergessenem Büro 135
Im Autobahndreieck verschollen 138
Bankautomat spendete Bettlern Geld 141
Warnung: Leberflecke können anstecken 144
Geheimnisvolles Nasenwachstum aufgeklärt 147
Geldfresser-Kult in Deutschland 150
Stasi-Arzt setzte Wanzen in Nasen ein 152
Doping mit Atomstrom 155

Die Wahrheit ist oft unglaublich

Die aufregendsten Informationen findet man in den Papierkörben der Weltpresse. Sie liegen dort, weil sie unglaublich sind und niemand sie zu drucken wagt.

Das sind die Fälle, die unsere Reporter aktiv werden lassen.

In ihrer Arbeitsweise unterscheiden sie sich erheblich von herkömmlichen Journalisten. Während der normale Reporter eine Nachricht erst einmal bezweifelt, verstehen sich unsere Reporter als Anwälte ihrer Informanten. Sie unterstellen, daß ihre Interviewpartner ganz einfach die Wahrheit sagen.

Denn welchen Grund gibt es, einer Familie nicht zu glauben, die von sich behauptet, seit Tagen nur ihren eigenen Kot zu essen? Es ist doch die Konsequenz des Umweltschutzgedankens und der zur Neige gehenden Ressourcen.

Und warum sollte ein Weißer nicht über Nacht schwarz werden? Haben wir uns nicht alle schon einmal »schwarz« geärgert? Ärzte beobachten täglich, wie sehr die Psyche die Physis beeinflußt. Erklären können sie es nicht.

Und warum sollte eine Hausfrau aus Dänemark nicht Pilze auf ihrer Haut wachsen lassen? Überall arbeiten Wissenschaftler daran, das Hungerproblem in der Welt zu lösen. Ist nicht jeder von uns gefordert, dabei mitzuwirken?

Und warum soll eine TV-Fernbedienung durch ihren Sender nicht einen elektronischen Herzschrittmacher beeinflussen können? Die technische Entwicklung ist so rasant fortgeschritten, daß oft nicht einmal Techniker genau wissen, *warum* etwas funktioniert – nur, *daß* es funktioniert!

Es gibt viele unerklärliche Dinge auf der Welt. Wir lesen täglich davon. Selbst Wissenschaftler müssen sich bei ihrer Arbeit oft darauf beschränken, Phänomene nur zu beschreiben. Erklären können sie sie nicht.

Unsere Reporter sind gezwungen, den gleichen Weg zu gehen. Sie beobachten, hören zu und beschreiben. Sie haben gelernt, daß Zweifel uns der Wirklichkeit nur mehr entfremden. Deshalb glauben sie den Menschen, denen sonst niemand glaubt. Die allein sind mit sich und ihren Erlebnissen. Die Ergebnisse sind unglaubliche Geschichten, die doch wahr sind – so wahr wie die Menschen, die sie erzählen.

Wanderaale in der Zentralheizung

An den Geräuschen als Laichplatz der Wanderaale zu erkennen.

Kennen Sie das auch: Die Zentralheizung klopft, gluckert und gibt seltsame Geräusche von sich? Dann seien Sie auf der Hut. Es könnte sein, daß Sie Haustiere haben, von denen Sie nichts ahnen.

Nacht für Nacht rissen seltsame Klopfgeräusche die Mieter der Goethestraße 5 aus dem Schlaf. Mal passierte stundenlang nichts, dann ging es wieder los. Das Gluckern, Klopfen und Schlurfen schien durch alle Zimmer zu wandern. Keiner sprach es offen aus, aber viele dachten an Gespenster.

»An die alte Heizung haben wir natürlich sofort gedacht. Man kennt das ja, dieses Wassergluckern. Aber das bei uns war viel lauter. Wir waren alle mit den Nerven runter. Wir schliefen ja kaum noch«, erklärt ein Mieter aus dem zweiten Stock.

Der Hausmeister konnte nichts finden. Die Hausverwaltung unternahm nichts, der Terror aber ging weiter. Jetzt schlossen sich die Mieter zusammen. Ein angesehenes Heizungsunternehmen sollte Abhilfe schaffen. Das kostete Geld, brachte aber nichts.

Als die Geräusche in den vierten Stock vordrangen und selbst die schwerhörige Emma B. keinen Schlaf mehr fand, griffen zwei beherzte Mieter zur Selbsthilfe.

»Wir sind dann runter in den Keller. Mit einem 24er Schraubenschlüssel haben wir das total verrottete Ablaßventil geöffnet«, erzählt Uwe K., von Beruf Automechaniker. »Wir haben uns gedacht, wir lassen einfach mal das Wasser ab. Erst kam nichts. Da bin ich mit dem Finger rein. Und dann habe ich geschrien. Mich hatte irgendwas gebissen. Wie ich den Finger wieder rausziehe, hängt da ein Aal dran.«

Die beiden Männer hatten keine Zeit, sich von ihrem Schrekken zu erholen. Binnen zehn Minuten war der Keller voller Wasser. Und voller Aale.

Die sofort alarmierte Gesundheitspolizei stand vor einem Rätsel. Erst das Biologische Institut der Universität fand eine Erklärung. Es war ein Schwarm verirrter Wanderaale auf der Suche nach einem Laichplatz. Sie waren durch die offenen Trinkwasserspeicher vor den Toren der Stadt in den Wasserkreislauf gelangt. Die Bewohner der Goethestraße 5 können wieder ruhig schlafen. Die Aale sind jetzt in der Kanalisation.

Ein amerikanischer Biologe meint dazu:

»So was kommt in der Natur öfter vor. Tiere passen sich perfekt an städtische Umgebungen an. Denken Sie an die Kaninchen auf der Verkehrsinsel. Oder die zu einiger Berühmtheit gelangte Geschichte von dem Krokodil in den Abwasserleitungen. Und jeder von uns hat bereits Tiere im Haus, von denen er nichts weiß: Asseln im Computer oder Milben im Brot zum Beispiel.

Weißer wurde über Nacht schwarz

Vermummt: Horst W. hat Angst vor den eigenen Freunden

Er gehörte zu einer Gruppe Neonazis, die mit gezielten Anschlägen auf Ausländerheime die Öffentlichkeit in Angst und Schrecken versetzten. Er haßte Ausländer, besonders Afrikaner. Heute versteckt sich Horst W. in der Einzimmerwohnung seiner 84jährigen Mutter, denn er ist jetzt selbst ein Schwarzer.

Horst W. hockt auf dem Sofa. Sein Kopf ist vermummt, nur seine Hände verraten ihn. Sie sind schwarzbraun. Seine Mutter serviert Kaffee mit selbstgebackenen Keksen. Stockend beginnt Horst W., seine Geschichte zu erzählen. In Potsdam geboren, arbeitete er jahrelang als Chemiehilfsarbeiter in Halle. Mit dem Zusammenschluß Deutschlands verlor er seine Arbeit, seine Wohnung und lebt heute von der Sozialhilfe. Seit drei Wochen traut er sich nicht mehr auf die Straße, nicht einmal, um sein Unterstützungsgeld abzuholen. Er hat Angst vor seinen eigenen Kameraden.

Für das, was ihm geschehen ist, gibt es in der neueren Medizin kaum ein Beispiel, das dem Schicksal von Horst W. gleicht. Es passierte in jener Nacht, in der Horst W. mit zwei Kameraden einen Afrikaner durch die Straßen jagte. Doch diesmal hatten sie sich verrechnet. Der Afrikaner wehrte sich und schlug die drei in die Flucht. Horst W. ging voller Wut nach Hause und legte sich ins Bett. Als er aufwachte, war er am ganzen Körper schwarz.

»Er ist noch mal aufgestanden und aufs Klo gegangen«, erzählt seine Mutter. »Dann habe ich ihm ein Glas Milch gebracht. Da war mein Sohn noch ganz normal.« Die alte Frau beginnt zu weinen. »Vielleicht war es in der Milch?«

Ihr Sohn rutscht unruhig auf dem Sofa umher. »Ich versteh das alles nicht. Warum gerade ich? Ich habe doch niemandem etwas getan.« Dabei fällt ihm der Schal vom Kopf, man sieht, Horst W. ist schwarz. Nur seine europäischen Gesichtszüge unterscheiden ihn noch von einem Afrikaner.

Der behandelnde Arzt, Nicolas N., erinnert sich an einen ähnlichen Fall in Südafrika: »Es handelte sich um einen weißen Farmer in der Nähe von Johannisburg. Er wurde innerhalb von zwei Wochen schwarz. Leider konnte er nicht mehr untersucht werden. Er starb bei Rassenunruhen in einem schwarzen Ghetto, in das er ziehen mußte und wurde vermutlich verscharrt. Ich hoffe, Horst W. wird sich irgendwann der Öffentlichkeit stellen und medizinische Untersuchungen zulassen.«

Frau wachsen eßbare Pilze auf der Haut

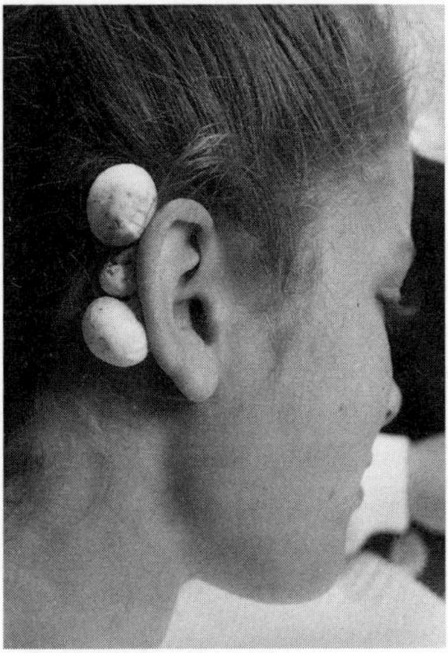

Gedeiht prächtig: Gesines Ernte

Durch einen puren Zufall entdeckte Gesine Lundt aus Jütland, daß auf ihrer Haut Pilze wuchsen. Jetzt glaubt sie, einen Beitrag zur Lösung des Hungerproblems in der Dritten Welt gefunden zu haben.

Vor zwei Jahren gewann Gesine Lundt einen Kochwettbewerb mit ihren Rezepten. Die sympathische junge Frau hat die bewußte und gesunde Ernährung zu ihrem Lebensinhalt gemacht. Ihr Gemüse züchtet sie im eigenen Garten. Aber als Pilzliebhaberin durchstreift sie auch die nahen Wälder. Nach einem dieser Spaziergänge machte Gesine Lundt eine überraschende Entdekkung: Auf ihrer Haut wuchsen Pilze. »Im ersten Augenblick bekam ich Angst, ich dachte an eine Krankheit. Aber dann fand ich eine Erklärung. Beim Sammeln mußten sich die Samen der Pilze auf meiner Haut eingenistet haben. Die Feuchtigkeit und die abgestorbenen Hautzellen bildeten einen optimalen Nährboden.«

In ihrer modernen Einbauküche hat Gesine Lundt eine schmackhafte Pilzsuppe zubereitet. »Eigene Ernte«, sagt sie voller Stolz und füllt die Teller auf. »Es war nicht einfach. Ich mußte sehr viele Versuche unternehmen, um herauszufinden, welche Pilze auf meiner Haut am besten gediehen. Sie sollten ja eßbar sein. Bei meinen Pilzen handelt es sich um eine spezielle, kleinwüchsige Champignonart. Sie wachsen besonders gut in den Feuchtzonen, so zum Beispiel in den Kniekehlen. Hervorragende Ergebnisse habe ich auch hinter den Ohren erzielt, aber natürlich bevorzuge ich Stellen, wo man sie nicht sieht. Im allgemeinen kann ich feststellen, daß die Pilze auf meiner Haut keine Schadstoffe, wie beispielsweise Cadmium, enthalten. Sie sind viel gesünder als die Pilze aus dem Wald.«

Natürlich wäscht sich Gesine Lundt nicht so oft wie andere Menschen, um die Pilze zu schützen. Die moderne Medizin gibt ihr recht: Häufiger Gebrauch von Wasser und Seife ist schädlich für die Haut. Doch Gesine Lundt denkt schon weiter:» Ich bin der festen Überzeugung, daß meine Entdeckung dazu beitragen wird, den Hunger in der Welt zu lindern. Bei vielen Völkern in den Hungergebieten ist der Einsatz von meinen Körperpilzkulturen möglich. Natürlich ist dieser Gedanke gewöhnungsbedürftig.«

Sie bietet uns noch einmal von ihrer Pilzsuppe an. Dankend lehnen wir ab und verlassen das hübsche Häuschen mit dem großen Gemüsegarten.

Familie ernährt sich vom eigenen Kot

Familie Richter verzichtet auch darauf

Sie tun es seit 112 Tagen, um nicht auf Kosten der Natur zu leben. Und sagen: »Es schmeckt!«
Erst aßen sie kein Fleisch mehr, dann kein Gemüse, und dann verzichteten sie auf alles. Aber sie fanden einen ungewöhnlichen Ersatz: ihren Kot. Seit 112 Tagen essen sie nichts anderes und sind kerngesund.

»Am Anfang war es natürlich eine Umstellung, aber wir haben nicht das Recht, unschuldige Pflanzen und Tiere zu töten«, so sagt die sympathische Mutter Elisabeth Richter. Vater Bernd bekundet nickend seine Zustimmung. Was viele Menschen sich kaum vorstellen können, ist für Familie Richter das Normalste von der Welt. Schon morgens bekommt Tochter Gabi statt Cornflakes frischen Kot, Vater packt sich etwas für die Firma ein, und die Mutter braucht sich keine Gedanken mehr um den täglichen Speiseplan machen.

Für zarte Gemüter ist ein Aufenthalt in der Küche der Familie Richter nur schwer zu ertragen. Doch Mutter Elisabeth sieht nur Vorteile in dieser konsequenten Ernährung: »Wir schonen nicht nur die Umwelt, sondern auch die Haushaltskasse. Von der einfachen Vorratshaltung will ich gar nicht reden.«

Was würden die Nachbarn in der anderen Hälfte des rotverklinkerten Doppelhauses sagen, wenn sie um das Geheimnis der

Familie Richter wüßten? »Die würden uns doch sofort die Gesundheitspolizei auf den Hals hetzen«, sagt Bernd Richter, »dabei wollen wir doch nur Rücksicht auf alle Geschöpfe unserer Welt nehmen.«

Doch so neu, wie dieser Gedanke auf den ersten Blick scheint, ist er nicht. Schon um die Jahrhundertwende gab es im US-Bundesstaat Oregon eine kleine Gemeinde eingeschworener Kotarier. Sie betrieben keinerlei Viehzucht oder Ackerbau, sondern lebten nur von den Produkten ihres eigenen Körpers.

Es scheint tatsächlich möglich, vom eigenen Kot zu leben. Er enthält noch unverdaute Vitamine, Mineralien, Spurenelemente und Ballaststoffe. So gesehen stellt er fast so etwas wie eine Vollwertkost dar. »Eigentlich sind wir die einzigen, die das Recycling richtig ernst nehmen«, sagt Bernd Richter und lacht. Ernährungswissenschaftler sind skeptisch, und Ärzte warnen vor der einseitigen Kost. Doch Elisabeth Richter winkt ab: »Solange es uns schmeckt, essen wir weiter, das sind wir der Natur schuldig.«

Prof. Robert V. Hemstedt zu diesem Fall:

»Ich will nicht ausschließen, daß so etwas möglich ist. Exkremente haben objektiv gesehen einen hohen Nährwert. Es erfordert aber beim erwachsenen Menschen eine hohe innere Bereitschaft, das anerzogene Ekelgefühl zu überwinden. Bei Kleinkindern sieht das ganz anders aus. Jede junge Mutter wird bestätigen, daß der spielerische Kotverzehr zu einer frühkindlichen Entwicklungsphase gehört.«

Dies ist ein und derselbe Mann

Das Tagesgesicht von Horst B. Die Haut zieht sich straff über den Schädel. Die Augen müssen mit einer teuren Sonnenbrille geschützt werden

Das Nachtgesicht von Horst B. Entgleiste Gesichtszüge, geweitete Pupillen und sich öffnende Hautporen

Immer wenn es hell wird, flüchtet Horst B. in sein Badezimmer. Bei Sonnenaufgang wird er ein anderer. Eine abnorme Lichtempfindlichkeit entstellt sein Gesicht.

»Warum ich«, stöhnt Horst B., und wir sehen, daß er weint. Horst B. leidet an einem Phänomen, von dem es nur vier dokumentierte Fälle in der neueren Medizingeschichte gibt. Seine Gesichtshaut spannt sich bei ganz normalem Tageslicht so sehr, daß sich sein Aussehen vollkommen verändert. »Zuerst spüre ich das Kribbeln auf der Haut. Die Lichtstrahlen wirken wie tausend Stecknadeln. Es ist ein Gefühl, als ob jemand mir die Haut im Nacken zusammenzieht. Alles wird straff, und selbst die Haare ziehen sich in die Kopfhaut zurück. Wenn ich mich dann langsam an das Licht gewöhnt habe und in den Spiegel schaue, sehe ich da einen anderen.« Ein Schicksal, mit dem dieser tapfere Mann allein ist, nur seine Freundin hält zu ihm.

»Ich bleibe doch der gleiche«, beteuert Horst B. Aber viele Menschen packt das nackte Entsetzen, wenn sie seine Verwandlung mit ansehen müssen. Es scheint fast wie in dem Film »Dr. Jekyll und Mr. Hyde«. Doch im Gegensatz zu dem irren Mörder ist Horst B. ein ganz normaler Fotolaborant.

Leise erzählt er, daß er nur im sanften Rotlicht dieses Berufes unauffällig leben kann. Erst wenn es dunkel wird, geht er nach Hause.

Seine hübsche Freundin erzählt uns im fast völlig abgedunkelten Wohnzimmer, wie sie sich kennengelernt haben. »Es war in einer schummrigen Berliner Eckkneipe. Er hat mich so lieb angelächelt. Als ich am anderen Morgen das Rollo hochzog, habe ich natürlich einen wahnsinnigen Schreck bekommen. Aber inzwischen geht es. Genaugenommen habe ich doch zwei Männer. Was kann sich eine Frau mehr wünschen?«

Bei Licht besehen wirkt Horst B. wesentlich jünger. Eine Tatsache, die ihn wenig tröstet. Seine Lichtempfindlichkeit hat sein Leben eintönig gemacht. Noch nie hat er sich einen Urlaub gegönnt, nie lag er am Strand in der Sonne, nie aß er in der Nachmittagssonne ein Eis. Eine Hoffnung wird es für ihn nicht geben.

Ein amerikanischer Hautspezialist dazu:

»Die Medizin kennt diese Fälle. Im Grunde kann es jeder an sich selbst beobachten: Bei Sonne spannt sich die Haut, die Pupillen ziehen sich zusammen. Ganz normal. Hyperheliodermitis ist nur die übersteigerte Form dieser Symptome, ein winziger genetischer Fehler. Die Chance, an diesem Phänomen zu erkranken, steht eins zu vier Milliarden.

»Hilfe, mir wächst eine Pflanze aus dem Ohr!«

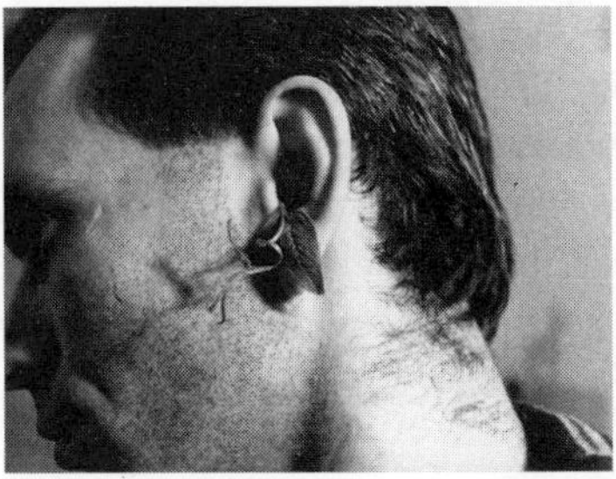

Gefährlich für Ohren: Fliegende Pflanzensamen

Ricki Auberti aus Norditalien ist wahrscheinlich der erste Mensch, der mit einer Pflanze leben muß. Sie wächst aus seinem Ohr.

Vorsicht vor fliegenden Pflanzensamen. Sie siedeln sich überall an: In Dachrinnen, zwischen Gehwegplatten und jetzt sogar auf einem Menschen.

Ricki Auberti traute seinen Augen nicht, als er bei der morgendlichen Rasur in den Spiegel guckte. Aus seinem Ohr rankte der junge Trieb einer Pflanze. Erst dachte er an einen Scherz seiner Freundin. Er versuchte, den Stengel herauszuziehen. Doch er war fest verwurzelt. Voller Angst schnitt er ihn mit einer Nagelschere ab. Doch am nächsten Tag war die Pflanze wieder da.

Der schlanke Südtiroler radelt jeden Morgen zwanzig Kilometer bis zu seiner Arbeitsstätte. Weder Regen noch Schnee halten ihn davon ab. Bei einer dieser Fahrten im letzten Juni muß es passiert sein. Ricki Auberti bemerkte es erst drei Tage später.

Der junge Mann ging zu einem Mailänder Ohren-Spezialisten. Doch statt Hilfe erhielt er ein sehr zweifelhaftes Angebot. Er sollte diese Abnormalität auf einem Ärztekongreß vorführen.

»Ich bin doch keine Zirkusattraktion, nur weil ich ein paar Wurzeln im Ohr habe«, sagt Ricki Auberti. »Trotzdem wollte ich wissen, um was für ein Gewächs es sich eigentlich handelt. Unser Dorfgärtner erkannte das sofort. Es ist ganz normaler Knöterich, also nichts Schlimmes. So was wächst doch auf fast jeder Terrasse.«

Ricki Auberti gewöhnte sich an seinen Knöterich. Jeden Morgen beschneidet er ihn, um bei der Arbeit nicht aufzufallen. Am Wochenende aber läßt er ihn wachsen, denn seine Freundin mag es: »Ich finde das süß. Es sieht doch niedlich aus. Und es tut ihm ja nicht weh. Wenn wir meine Eltern besuchen, macht er ihn natürlich ab. Bis jetzt weiß keiner unserer Freunde davon.« Ricki hat keine Angst mehr vor der Pflanze. Zum Arzt will er erst wieder gehen, wenn sie sein Gehör beeinträchtigt oder aus einer anderen Körperöffnung herauswächst. Warnungen schlägt er in den Wind.

»Mein Mann ist auf Fotos unsichtbar«

Er ist da, aber man sieht ihn nicht. Hans Dieter S. mit seiner Frau beim Kaffeetrinken

Der Beweis: Hans Dieter S. (rechts neben seinem Nachbarn) ist auch auf diesem Foto unsichtbar

Sie sind ein ganz normales Ehepaar. Sie sehen ganz normal aus. Nur gemeinsam fotografieren kann man sie nicht. Hans Dieter S. ist für jede Kamera unsichtbar.

»Damals habe ich geweint, weil er auf keinem unserer Hochzeitsfotos zu sehen war. Erst danach hat er es mir gestanden: Er ist auf Fotos unsichtbar. Schon von klein auf. Es gibt keine Babyfotos, nichts von der Einschulung. Auch kein Foto vom Militär. Dabei hätte ich ihn so gern in Uniform gesehen«, sagt die fast 60jährige Waltraud S. und blickt ihren Mann vorwurfsvoll an. Ihre Geschichte klingt unglaublich. Der Mann, von dem sie spricht, sitzt leibhaftig auf dem Sofa. Nichts ist ungewöhnlich an ihm. Sein Haar ist grau, und seine Augen blinzeln freundlich aus einem rundlichen Gesicht. Er trägt eine braune Strickjacke, Trainingshosen und Pantoffeln.

»Video war ja unsere große Hoffnung. Ich wollte doch endlich ein Bild von ihm haben. Zur Erinnerung, wenn er mal tot ist. Als mein Schwager mit der Video-Kamera kam, war ich ganz aufgeregt. Und dann beim Anschauen diese Enttäuschung. Er war wieder nicht drauf«, erzählt Waltraud S. weiter. Ihr Mann nickt dazu.

Wie kann man mit einer solchen Laune der Natur leben? Jede Firma, jede Behörde verlangt doch heute Fotos. Bewerbungsfotos, Paßfotos. Hans Dieter S. wußte sich mit einem Trick zu helfen. Er lieh sich das Foto seines Bruders, der ihm ähnlich sieht. Auch heute wissen nur die engsten Verwandten von seiner seltsamen Eigenschaft. Hans Dieter S. versucht, sie geheimzuhalten: »Die würden mich doch sofort ins Fernsehen schleppen wollen, Filme drehen und Talkshows machen. Aber das bringt doch nichts, ich wäre ja gar nicht zu sehen.«

Hans Dieter S. liebt seine Ruhe über alles. Dieser bescheidene Mann will nicht im Licht der Öffentlichkeit stehen. Sein Häuschen, seine Modelleisenbahn und sein Garten sind ihm genug. Beim Abschied müssen wir ihm versprechen, seinen Namen und seinen Wohnort geheimzuhalten.

Frau klagt an: »Sportschau macht mir Pickel!«

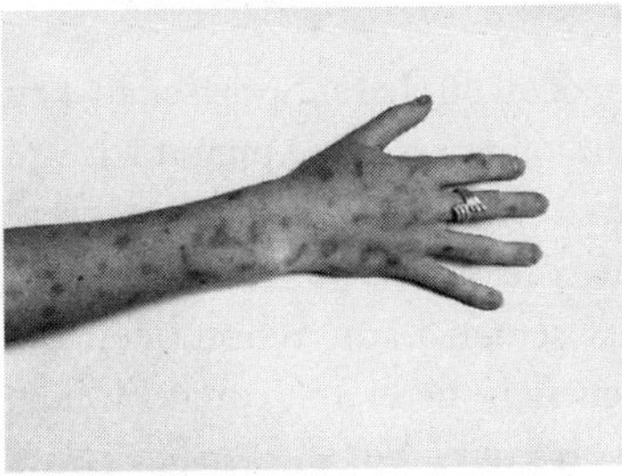

Bitter für Uwe: Heikes Ausschlag

Samstagabend. Sportschauzeit. Doch der Fernseher bleibt aus, weil der Arzt es verboten hat. Für Uwe Vogel eine bittere Wahrheit.

In dem schmucken Heidehaus der Familie Vogel ist die Welt nicht mehr in Ordnung. Uwe Vogel geht unruhig auf und ab. Seine Hände zittern. Immer wieder schaut er auf die Uhr und den Fernseher. Er darf ihn nicht einschalten. Wenn er es tut, leidet seine Frau Höllenqualen. Sie ist allergisch gegen die Sportschau.

»Immer wieder samstags bekam Heike diesen juckenden Ausschlag im Gesicht und an den Oberschenkeln. Die ganze Nacht hat sie sich im Bett gewälzt. Wir sind von Arzt zu Arzt gelaufen, aber keiner wußte, was es war. Während der Woche ging es dann wieder weg. Aber vor dem Samstag haben wir schon gezittert. Dann ging es wieder los: Rote, nässende Quaddeln und immer dieses Jucken. Wir waren sogar bei einem Heilpraktiker. Man hört ja soviel von Erdstrahlen und so.« Uwe Vogel nimmt seine hübsche Frau liebevoll in den Arm, während er uns die Geschichte erzählt.

Der jungen Frau stehen die Tränen in den Augen. »Es war eine schreckliche Zeit, bis man uns Dr. Wayne empfahl. Er fragte uns nach unseren Gewohnheiten, und da kams dann raus: Es war die Sportschau. Wir wollten es ja erst selber nicht glauben, aber schon der erste Samstag ohne Sportschau war ein voller Erfolg. Keine Pickel, keine Quaddeln, kein Jucken mehr. Nur Uwe geht es jetzt nicht mehr gut.«

Für Uwe Vogel brach eine harte Zeit an. Jeder Sportschau-Fan wird ihn verstehen. Natürlich versuchte er, den Apparat leise zu stellen. Es genügte nicht. Verzweifelt schleppte er das schwere Gerät in den Keller und dichtete die Türen ab. Zwei Treppen höher nahm jedoch das Unglück seinen Lauf. Schon beim Erklingen der Titelmelodie bildeten sich die ersten roten Flecken auf der sonst makellosen Haut von Heike Vogel. Der Fernseher mußte ausgeschaltet werden. Die Ehe der beiden wurde auf eine harte Probe gestellt.

»Ich kann doch nichts dafür«, sagt Heike Vogel. »Ich möchte nicht, daß jetzt Uwe leiden muß. Ich frage die Verantwortlichen beim Fernsehen: Kann man denn an der Sportschau nicht etwas ändern? Irgendwas stimmt da doch nicht.«

Uwe Vogel nickt und steckt sich traurig den kleinen Ohrhörer seines Taschenradios ins Ohr. Zeit für die Sportergebnisse.

Monteur sprach plötzlich nur noch russisch

Thomas B. versteht gar nichts mehr

Sein Leben lang ist der 27jährige Heizungsmonteur Thomas B. nicht aus Bottrop herausgekommen. Doch wenn man jetzt mit ihm sprechen will, braucht man einen Dolmetscher.

Es geschah zwei Tage vor Weihnachten. »Wir hatten Streit«, berichtet Kirsten. Die blonde Verkäuferin ist seit einem Jahr mit Thomas verheiratet. »Es ging um die Weihnachtsbesuche, mein Mann wollte nicht mit zu meiner Mutter. Er ist dann ziemlich wütend ins Bett gegangen, hat sich herumgedreht, Ohropax in die Ohren gesteckt und ist eingeschlafen.«

Es folgte ein böses Erwachen. Die junge Frau bereitete in der Küche das Frühstück vor, als sie ihren Mann fluchend aufstehen hörte. »Ich dachte zuerst, da sei noch ein anderer Mann, denn ich verstand kein Wort. Er kam in die Küche und sprach wie Gorbatschow im Fernsehen. Ich dachte, er machte Unsinn – aber er konnte nicht mehr anders sprechen. Er redete auf mich ein und begriff nicht, daß ich ihn nicht verstand.«

Kirsten B. rief in ihrer Verzweiflung den Notarzt an. Aber dieser stand ebenfalls ratlos in der Küche. Seine Diagnose: Es handele sich um Russisch. Aber Thomas B. hat nie einen Sprachkurs besucht. Er hat nicht einmal einen Voksschulabschluß.

Licht in das Dunkel dieser Angelegenheit brachte der Stammbaum der Familie B. Vor 200 Jahren kamen Vorfahren, vom Hunger getrieben, aus den Tiefen der Sibirischen Taiga an die Ufer der Ruhr. Ist es dieses russische Blut, das ihn die Sprache seiner Urväter sprechen läßt? Fest steht, daß sich russische Erbinformationen in Thomas Genen befinden müssen. Doch diese Erkenntnis konnte das Sprachproblem zwischen Thomas und Kirsten auch nicht lösen. Schließlich half eine deutsche Aussiedlerfamilie aus Usbekistan, die ebenfalls in der ehemaligen Bergarbeitersiedlung in Bottrop wohnt.

»Wir sind gute Freunde geworden«, erzählt Kirsten. »Sie kommen jeden Tag zum Übersetzen. Aber manche Worte kennen auch sie nicht. Mein Mann spricht perfekt russisch, besser als sie selber. Jeden Tag versuche ich, ihm wieder ein paar Worte Deutsch beizubringen, aber er vergißt sie doch. Er kann nur noch russisch.«

Thomas B. will ebenfalls etwas sagen, und der Sohn der Aussiedlerfamilie übersetzt: »Er sagt, er spreche doch ganz normales Deutsch, wie immer. Er sagt, er begreife nicht, warum ihn plötzlich keiner mehr verstehe. Er fragt, ob denn alle verrückt geworden seien.« Thomas B. sinkt in sich zusammen und schweigt.

Seine Frau flüstert: »Er zieht sich immer mehr zurück, geht nicht mehr aus dem Haus. Sonst sind wir freitags immer in die Disko. Aber ich will trotzdem bei ihm bleiben.«

Die tapfere Frau liebt ihren Mann und hat jetzt ihr beider Schicksal in die Hand genommen. Seit einer Woche macht sie einen Russisch-Kurs an der Volkshochschule in Bottrop.

Frau wird immer kleiner

Herta B. wird immer kleiner

Ohne Trittleiter kommt Herta B. nicht mehr an den Küchenschrank. Den Tisch kann sie nur noch auf Zehenspitzen dekken. Die 57jährige alleinstehende Frau aus Schleswig-Holstein schrumpft von Jahr zu Jahr um sechs Zentimeter.

Wer das schmucke Endreihenhaus von Herta B. in der Nähe des Militärflugplatzes betritt, wird unweigerlich an den amerikanischen Spielfilm mit einem immer kleiner werdenden Mann erinnert. Nur, im Fall der Herta B. gibt es kein Happy-End. Sie mißt nach eigenen Angaben nur noch 127 Zentimeter. Aber so genau weiß sie das auch nicht.

Hilfe lehnt sie ab, obwohl sie nur unter größter Anstrengung den Tisch decken und Kaffee einschenken kann. Sie hört nur noch sehr schwer, und erzählt mit lauten Worten vom Anfang ihrer seltsamen Veränderung: »Es begann alles vor acht Jahren, als ich das Haus meiner Mutter erbte. Natürlich bemerkte ich zunächst noch nichts. Nur der Lärm der tieffliegenden Flugzeuge störte mich. Dann begann ich zu schrumpfen. Meine Sachen paßten mir nicht mehr. Ich kann mir das nur so erklären: Immer wenn diese Düsenjäger so niedrig über mein Haus donnern, fahre ich vor Schreck zusammen. Und das macht mich irgendwie jedesmal ein Stück kleiner.«

Herta B. suchte ihren Hausarzt auf, doch der schüttelte den

Kopf über ihre Vermutung. Danach wurde sie von einem Arzt zum anderen gereicht. Spezialisten gaben sich die Klinke in die Hand. In ihrer Verzweiflung schrieb sie sogar an einen Wunderheiler.

Aber keiner konnte bis jetzt das Rätsel um Herta B. lösen. Die tapfere kleine Frau hat sich darauf eingerichtet, immer kleiner zu werden. Aber abfinden will sie sich damit nicht. »Ich habe damals dem Verteidigungsminister geschrieben, daß dieser ohrenbetäubende Knall der Düsenjäger mich kleiner macht, weil ich jedesmal vor Schreck zusammenzucke. Aber der Herr Minister hat mir nicht geantwortet.«

Vielleicht ist die Lösung des Rätsels so einfach, wie Herta B. vermutet. Doch von ihrem geerbten Haus will sie sich nicht trennen. Und irgendwo anders wohnen möchte sie auch nicht. Unsere Abschiedsworte an der Haustür gehen in einem Donnern unter. Ein Düsenjäger überfliegt das Haus. Herta B. zuckt zusammen. Wir winken ihr wortlos zu.

Mann löste sich in Luft auf

Schauplatz der Tragödie:
Letzte Spuren des Ehemannes

Plötzlich fehlte Heinz-Joachim L. ein Fuß, dann das rechte Bein. Und Sekunden später löste sich der 37jährige Mann vor den Augen seiner Frau ganz und gar in Luft auf. Er ist bis heute verschwunden.

Als wir den Ort des Geschehens besuchen, haben wir unsere Zweifel. Die Mutter von Heinz-Joachim L. führt uns in die Wohnung und weist auf die verschlossene Wohnzimmertür. Vorsichtig dürfen wir sie einen Spalt öffnen. Auf dem Sofa ist ein Brandfleck. Auf dem Flokati-Teppich liegen die zerbrochenen Scherben eines Bechers. Die Mutter schließt die Tür schnell wieder. Wir sehen die Angst in ihren Augen. In aller Eile deckt sie den Schlitz unter der Tür mit einer Decke ab und erklärt uns ihr ungewöhnliches Verhalten: »Wissen Sie, es soll keine Luft entweichen. Ich bin fest davon überzeugt, daß er noch da drin ist. Er kann doch nicht einfach weg sein. Er ist bestimmt noch da.«

Natürlich wurde an jenem Abend die Polizei gerufen. Einer der damals diensthabenden Beamten tut alles als Humbug ab: »In dieser besagten Nacht hatten wir es insgesamt mit 14 Vermißtenmeldungen zu tun. Einige haben wir gar nicht erst aufgenommen. Sie wissen ja, wie das ist. Heute fehlen uns noch drei von diesen Herumtreibern. Aber die werden wir auch noch kriegen.« Inoffiziell vermutet er, daß Heinz-Joachim L. wahrscheinlich mit einer anderen Frau über alle Berge ist, denn dies sei häufig die Ursache eines so plötzlichen Verschwindens.

Die Ehefrau des Verschwundenen, die alles mit angesehen hat, können wir nicht befragen. Sie wurde mit einem Schock ins Krankenhaus eingeliefert. Die Ärzte schirmen sie ab. Sie ist für niemanden zu sprechen. Wir lassen uns den Hergang von Heinz-Joachims 72jähriger Mutter erzählen: »Die beiden hatten sich gestritten. Das kam in letzter Zeit öfter vor. Ich war in der Küche. Plötzlich hat meine Schwiegertochter geschrien. Da bin ich ins Wohnzimmer. Es war entsetzlich. Da war so ein Flimmern, und nach und nach löste sich mein Heinz-Joachim in Luft auf. Mir blieb das Herz stehen. Was sollte ich tun? Es ging alles so schnell. Ich werde seine entsetzten Augen nie vergessen, wie er auf seine durchsichtige Hand guckte. Dann war da nur noch sein Kopf. Ich glaube, er wollte noch etwas sagen. Aber dann war er weg. Die Zigarette fiel auf das Sofa. Sie haben ja den Brandfleck gesehen. Und der Kaffeebecher zerbrach auf dem schönen Teppich.«

Die alte Frau bricht, von der Erinnerung übermannt, weinend zusammen. Und es gelingt uns kaum, sie zu trösten. Wir wissen nicht, ob wir ihr glauben sollen und tragen den Fall dem Parapsychologen Hubert von Kalamit vor. Er hat tatsächlich eine Erklärung: »Überall auf der Welt geschehen solche Dinge, doch die Arroganz der Schulwissenschaft leugnet sie bis zum heutigen Tage. Wir bezeichnen das als Morganismus. Ein Phänomen, das schon seit vorchristlicher Zeit beobachtet wird. Sie müssen sich das ungefähr so vorstellen: Bei extremen Gefühlsregungen schwingen die Atome jeder Körperzelle mit einer höheren Frequenz. Bei morganisch veranlagten Menschen kann das zu einer

Veränderung des Aggregatzustandes führen. Sie werden gasförmig und damit unsichtbar.«

Heinz-Joachims Frau liegt noch immer im Krankenhaus. Seine Mutter bewacht noch immer das Wohnzimmer, in dem es geschehen ist. Sie hat die Hoffnung auf die Wiederkehr ihres Sohnes nicht aufgegeben.

Loch nach China im Garten entdeckt

Die Beweisstücke am Brunnenrand

Die Geheimnisse Asiens beginnen für Hobbygärtner Holger Petzold (66) im Naturbrunnen seines gepflegten Vorgartens. Seit neun Tagen hat er, sobald er den gußeisernen Pumpenhebel bewegt, Kontakt nach China.

Holger Petzold berichtet uns, wie alles begann: »Ich hab vielleicht dumm geguckt, als da plötzlich diese Zeitungsschnipsel mit der Chinesenschrift im Wassereimer schwammen. Erst hab ich ja gedacht, das gibt sich, aber es wurden jeden Tag mehr, auch Holzsplitter und so kleine, völlig aufgeweichte Schirmchen wie die von der Eisdiele. Irgendwann hat meine Frau dann gesagt, ich müsse das melden.«

Doch das war leichter gesagt als getan. Holger Petzold ging zu den Behörden. Das Gartenbauamt fühlte sich nicht zuständig. Beim Bauamt schenkte man ihm nur ein müdes Lächeln. Er rief beim Geologischen Institut der Universität an, bei der Polizei und bei der Bundeswehr, doch niemand interessierte sich für das Loch nach China in seinem Garten. Über eine Kleinanzeige traf er auf den Privatgeologen Emanuel Lorenz. Seitdem stecken in den Frühbeeten der Familie Petzold Meßgeräte. Drähte wurden quer duch den Garten gezogen, Kabel verlegt und Sensoren vergraben. Selbst eine kleine Test-Sprengung hat schon stattgefunden. Der Privatgeologe Emanuel Lorenz ist begeistert: »Wir haben es hier mit einer geologischen Sensation ersten Ranges zu tun. Die Verbindung nach China durch die Erdkugel existiert also doch. Nach ersten Berichten, die ich von befreundeten Geologen aus Amerika bekommen habe, stammen die hier im Brunnen in regelmäßigen Abständen an die Oberfläche gespülten Zeitungsschnipsel aus den 50er Jahren – einer Zeit, in der auch China zahlreiche Atombombentests in dünnbesiedelten Gebirgsregionen durchführte. Eine der dabei entstehenden Druckwellen muß in den unterirdischen Grundwasservorkommen eine Kettenreaktion ausgelöst haben. Höhlenwände brachen, Flutwellen zogen durch das weitverzweigte Netz der natürlichen Wasseradern der Erdkruste und rissen immer mehr Grundwasser mit sich. Bis Teile davon jetzt im Brunnen der Petzolds landeten.«

Holger Petzold schüttelt müde den Kopf, er hat in diesen Tagen wenig Schlaf bekommen, denn die Meßgeräte und Motoren des Geologen laufen die ganze Nacht. Aber er weiß, daß er der Wissenschaft Platz machen muß. »Wissen Sie, es geht mir nicht um mein Frühbeet, aber daß das Chinesenloch jetzt Lorenzloch heißen soll, das ärgert mich. Eigentlich müßte da doch Petzold draufstehen.«

Holger Petzold bewegt für uns noch einmal den Schwengel seiner Wasserpumpe. Und tatsächlich: Was dort im Wasserstrahl mitgespült wird, sind Papierfetzen mit chinesischen Schriftzeichen. Wir können es nicht fassen. Und uns kommt die Vermutung, daß die Chinesen diese Verbindung durch die Erde auch anderweitig nutzen könnten.

Kind schaltet mit TV-Fernbedienung Herzschrittmacher aus

Fernbedienungen: Kein Spielzeug

Pötzlich war Opa tot. Dabei hatte die kleine Veronika (6) nur mit der Fernbedienung gespielt. Sind unsere TV-Fernbedienungen tödliche Waffen? Oder war es ein unglücklicher Zufall?

Jeder kennt sie. Jeder benutzt sie, Tag für Tag. Fernbedienungen. Längst ist der Druck aufs Knöpfchen selbstverständlich, und niemand macht sich Gedanken darüber. Auch nicht im Hause der Familie B., bis zu jenem schrecklichen Nachmittag im Sommer 1992. Veronika und ihr Großvater Wilhelm B. hatten sich auf die Zeichentricksendung gefreut. Es gehörte zu den kleinen Freuden des Wilhelm B., mit seiner Enkelin die Kindersendungen zu sehen, seit ihm vor einem Jahr ein Herzschrittmacher ein zweites Leben geschenkt hatte.

»Ich war gerade beim Abwaschen und sah die beiden auf dem Sofa sitzen«, erzählt Veronikas Mutter. »Es lief noch Werbung, und die Kleine spielte mit der Fernbedienung herum. Sie lachten beide. Aber plötzlich richtete Veronika die Fernbedienung auf Opas Bauch. Sie wollte ihn wohl damit kitzeln. Irgendwie muß sie dabei auf die AUS-Taste gekommen sein. Der Fernseher ging aus, und Opa griff sich an die Brust. Veronika hatte den Herzschrittmacher ausgeschaltet.«

Veronikas Mutter, die früher in einem Krankenhaus arbeitete, wußte sofort, was zu tun war. Sie begann mit Wiederbelebungsversuchen. »Er hatte keinen Puls mehr und atmete nicht. Schließlich war ich so verzweifelt, daß ich wie eine Verrückte auf die Knöpfe der Fernbedienung drückte. Ich wollte ihn einfach wieder einschalten. Vielleicht habe ich ja nur nicht den richtigen Knopf gefunden? Wer kennt sich mit den Dingern schon aus?«

Der Notarzt konnte nur noch den Tod feststellen. Ein Techniker untersuchte die Fernbedienung: »Da gibt es nichts Ungewöhnliches an diesem Gerät. Das ist eine ganz normale Fernbedienung. Wenn es allerdings durch einen Mikrowellenherd passiert wäre, würde ich darüber anders denken. Aber im Haus der Familie B. gibt es keinen Mikrowellenherd.«

Nach dem heutigen Stand der Wissenschaft trifft niemanden am Tod des alten Mannes eine Schuld. Aber wir wissen, viele Menschen erleben mit Fernbedienungen unerklärliche Dinge. Die großen Elektronikkonzerne sollten der Sache auf den Grund gehen.

Holländerin weint mit den Ohren

Sauke und ihr berühmtes Ohr: Alle wollen sie zum Weinen bringen

Die junge Frau könnte berühmt und reich sein, doch eine seltsame Eigenschaft hat ihr Leben einsam gemacht.

Die hübsche Sauke ist scheu, und seit bekannt ist, was sie mit den Ohren kann, zieht sie sich noch mehr auf ihr Hausboot in den Amsterdamer Kanälen zurück. Die junge Deutsch-Holländerin ist ein medizinisches Phänomen: Wenn sie traurig ist, tropfen ihr die Tränen nicht, wie bei jedem normalen Menschen, aus den Augen, sondern aus den Ohren. Es ist nicht einfach, mit ihr zu sprechen, doch nach Wochen der Vorbereitung und vielen Briefen, gelingt es uns, sie zu besuchen. Die Kajütentür des Wohnbootes öffnet sich für uns, und Saukes erste Worte sind: »Bitte keine Fotos!« Schweren Herzens packen wir unsere Kameras wieder ein, denn Sauke ist noch hübscher, als sie uns beschrieben wurde. Die 20jährige könnte sicher als Fotomodell international Karriere machen. Sie bittet uns herein und bietet uns große Becher mit Milchkaffee und holländischen Honigkuchen an. Unseren Fragen kommt Sauke zuvor: »Ich weiß, daß Sie gekommen sind, um es zu sehen, aber ich muß Sie enttäuschen: Ich kann nicht auf Befehl weinen, obwohl ich immer sehr traurig bin. Ich habe keine Freunde, denn alle wollen mich immer nur zum Weinen bringen. Und Fotos habe ich davon auch nicht.«

Sauke hat ein schweres Schicksal hinter sich. Schon früh verlor sie ihre Eltern durch einen Unfall. Sie wuchs in einem Heim auf. Für das kleine Hausboot hat sie als Blumenverkäuferin lange sparen müssen – noch immer sind nicht alle Raten bezahlt. Dabei hätte sie leicht zu Geld kommen können: »Ich hatte schon ein Angebot von einem Zirkus, aber ich möchte ein ganz normales Leben führen. Auch ein reicher Araber wollte mich heiraten, aber es war doch nur, weil ich mit den Ohren weinen kann. Wissen Sie, ich möchte einen ganz normalen Mann haben, der mich um meiner selbst willen liebt. Aber das geht wohl nicht.«

Natürlich wollen wir wissen, seit wann sie mit den Ohren weinen kann – und wie sie es das erste Mal bemerkt hat. Es fällt Sauke schwer, darüber zu berichten: »Als ich noch klein war, ist es mir gar nicht besonders aufgefallen – nur, daß eben meine Ohren immer so feucht waren. Ich glaube, es ist schon immer so gewesen. Aufgefallen ist es dann den anderen Kindern im Heim. Sie haben mich gequält und geschlagen, nur damit sie sehen konnten, wie die Tränen aus meinen Ohren liefen. Es war eine schreckliche Zeit.«

Sauke ist nie zu einem Arzt gegangen. Sie hat Angst, daß die Mediziner quälende Untersuchungen anstellen würden. Sie versucht, so bescheiden und unerkannt wie möglich zu leben. Doch immer mehr Menschen wissen um ihre Eigenschaft. Schon zweimal wurde ihr Hausboot von Rowdies angezündet. Und immer öfter laufen Kinder auf der Straße hinter ihr her und hänseln sie. »Ich lebe gern hier, aber die Menschen machen mir angst«, gesteht die hübsche Holländerin. »Vielleicht sollte ich auswandern, aber wohin? Ich habe schon überlegt, ob ich in ein Kloster gehen soll.«

Das Leben hat Sauke einsam und verbittert gemacht. Sie traut keinem Menschen mehr und verläßt ihr Hausboot nur, um zur Arbeit zu gehen und sonntags zum Kirchgang. Die Grausamkeit der Mitmenschen hat aus dem blühenden jungen Mädchen ein Häufchen Elend gemacht. Betroffen verabschieden wir uns, wollen sie trösten, aber es gelingt uns nicht. Und da geschieht es – wir alle können es deutlich sehen: An ihren Ohren glitzern Tränen.

Brot fiel vom Himmel und verletzte Hungernden

Fiel vom Himmel: Das K.O.-Brot

Es sollte ein friedlicher Urlaub auf Mallorca werden, aber es wurde fast eine Reise in den Tod. Holger B. war mit seinem Freund Wolfgang auf einer Wanderung, als plötzlich etwas aus dem Himmel fiel.

Sie taten es für ihre Gesundheit. In diesem Jahr fasteten die beiden Freunde vor Ostern auf Mallorca. In dem malerischen Künstlerdorf Deia hatten sie eine bescheidene Bleibe gefunden. Die Düfte der zahlreichen Restaurants konnten sie nicht verführen. Sie tranken nur Wasser und suchten die Einsamkeit der Berge.

Auf einer ihrer Wanderungen geschah, was sie ihr Leben lang nicht vergessen werden. Es war ein stürmischer Tag. Die Einheimischen hatten sie gewarnt, der Bergpfad zur Hafenstadt Soller sei seit Tagen durch eingestürzte Mauern nicht mehr begehbar. Trotzdem machten sich Holger B. und sein Freund Wolfgang auf den Weg.

Holger B. erinnert sich: »Wir hatten das richtige Schuhwerk und kamen gut voran. Gegen Mittag klarte der Himmel auf. Es war ein romantischer Weg mit atemberaubenden Blicken auf das Meer. Wir sind an einer besonders schönen Stelle stehengeblieben. Wolfgang wollte ein Foto machen. Plötzlich hörte ich dieses Geräusch.«

Was Holger B. nicht mehr berichten kann, hat sein Freund

Wolfgang genau beobachtet: »Es kam so ein Rauschen von oben. Ich blickte in den Himmel, und da kam es. Mit ungeheurer Geschwindigkeit. Es traf Holger mit voller Wucht. Er brach auf der Stelle zusammen. Ich lief zu ihm. Ich wollte es nicht glauben: Ein Brot hatte ihn getroffen. Ein Weißbrot – aus heiterem Himmel. Aber ich habe es fotografiert.«

Der bewußtlose Holger B. wurde von Einheimischen in das nächste Krankenhaus gefahren. Die Ärzte stellten eine Gehirnerschütterung fest. Holger B. wurde nach drei Tagen wieder aus dem Krankenhaus entlassen, doch noch heute wird er regelmäßig von Alpträumen heimgesucht.

»Eigentlich habe ich unverschämtes Glück gehabt«, erzählt er, »denn wenn ich mir vorstelle, es wäre ein Stein gewesen – ich wäre tot.«

Auf der Suche nach einer Erklärung dieses Vorfalls sprach unser Reporter mit einem Verantwortlichen vom Flughafen in Palma:

»Wir sind für diese Dinge nicht zuständig. Erklärungen gibt es dafür viele, zum Beispiel war es sehr stürmisch an diesem Tag, da wird manchmal was in die Luft gewirbelt. Aber daß so ein Brot aus einem Flugzeug fällt, ist nach heutigem Sicherheitsstandard eigentlich unmöglich.«

Wanderer ertrank im eigenen Schweiß

Das letzte Foto von Reimer E.

Sie waren eine fröhliche Wandergruppe aus dem norddeutschen Flachland. Für ihre Bergtour in den Schweizer Alpen waren sie auf alles vorbereitet: Wetterumschwung, Steinschlag und schlechte Wege – nur nicht auf den Tod.

Erst vor kurzer Zeit hatte sich der Helgoländer Reimer E. der Wandergruppe angeschlossen. Der sportliche 40jährige machte sich durch seinen übertriebenen Ehrgeiz wenig Freunde. Außerdem mußte er wegen seiner starken Schweißausbrüche viel Spott ertragen.

Am 24. August dieses Jahres brach die Gruppe in den frühen Morgenstunden zu ihrer Tagestour auf. Noch im Nebel erreichten sie das erste Etappenziel, dann brach die Sonne unbarmherzig durch die Wolken. Bereits zu diesem Zeitpunkt war der Helgoländer der Gruppe weit voraus.

»Er transpirierte sehr stark«, erinnert sich Doris S. aus Hagen. »Aber eine Pause kam für ihn ja nicht in Frage. Wir hatten ihn noch gewarnt, seine Kräfte nicht zu überschätzen. Er war die Berge ja nicht gewohnt, und es war sehr heiß. Er wollte nicht auf uns hören.«

Schon bald hatte die Gruppe ihn vollkommen aus den Augen verloren. Noch machte sich niemand Sorgen. Aber als sie beim weiteren Aufstieg nach und nach die durchnäßten Kleidungsstücke des Helgoländers fanden, wunderten sie sich.

Eine Stunde später hatten sie den Helgoländer eingeholt. Er lag nackt und leblos mitten auf dem schmalen Pfad. Die Frauen wollten ihm zu Hilfe eilen und machten eine entsetzliche Entdeckung.

»Er lag auf dem Bauch, das Gesicht in einer stinkenden Brühe, und war tot«, berichtet Doris S. »Mein Mann versuchte, ihn wieder ins Leben zu holen. Aber vergeblich. Er war in seinem eigenen Schweiß ertrunken. Er muß wohl gestolpert und mit dem Kopf aufgeschlagen sein. Der Schweiß hat dann eine richtige Pfütze um ihn gebildet. Darin ist er ertrunken.«

Die herbeigerufene Bergwacht hegte berechtigte Zweifel an dem seltsamen Unglück und den Begleitumständen, die den Tod des Helgoländers verursachten. Doch ein Bergarzt bestätigte die Vermutung von Doris S. »Ein Mensch ist in der Lage, bei einer solchen Wanderung bis zu acht Liter Flüssigkeit abzusondern. Eine Menge, die ausreicht, um darin zu ertrinken.«

Die Wandergruppe brach ihren Urlaub ab. Ein schlichtes Holzkreuz an jener Wegstelle kündet heute vom Tod des ehrgeizigen Helgoländers.

Französischer Bauer von Regenwolke verfolgt

Der Bauer und seine Frau: Warten auf die Wolke

Wir haben es alle schon einmal erlebt: Hagel im Sommer, Blitze aus heiterem Himmel und Wirbelstürme aus dem Nichts. Doch was Jacques Apied aus der Provence erlebte, bleibt selbst erfahrenen Meteorologen ein Rätsel.

Schwere Brände vernichteten im vergangenen Jahr große Teile der Waldbestände in der südfranzösischen Provence. Vergeblich warteten die Bauern in der gesamten Region auf den ersehnten Regen. Aber nicht eine Wolke trübte den blauen Himmel – bis zum 27. Juli. Auf dem Hof von Jacques Apied zog eine einzige Regenwolke über dem Haus auf.

»Wir dachten, endlich käme der Regen«, berichtet die Bauersfrau. »Mein Mann ging vor die Tür, um nach dem Rechten zu sehen. Ich sah ihn vom Fenster aus. Er ging auf das Melonenfeld zu. In diesem Moment begann es zu regnen. Aber es war seltsam, es regnete nur über meinem Mann. Er blickte nach oben und bemerkte, daß der Acker ein paar Meter neben ihm trocken blieb. Ich sah, wie er ein Stück zur Seite lief, um dem Regen zu entkommen. Er hatte ja nur seine leichte Sommerjacke an und nichts auf dem Kopf. Aber die kleine Regenwolke folgte ihm. Was dann geschah, kann ich immer noch nicht recht glauben: Jedesmal wenn mein Mann dem Regen zu entkommen versuchte, folgte ihm die kleine Wolke. Er floh schließlich im Zickzack über das Feld. Es nützte nichts. Erst als er von Kopf bis Fuß durchnäßt war, löste sich die Wolke auf.«

Jacques Apied nickt nur zu den Schilderungen seiner Frau. Der Dorfschullehrer sitzt bei ihm. Er macht seit Jahren Aufzeichnungen über das Wetter. Seine Tabellen und Prognosen werden in der Heimatzeitung veröffentlicht. Er kommentiert: »Das Wetter spielt schon seit einiger Zeit verrückt. Und wir wissen doch alle, woher das kommt. Nur keiner wagt es, das mal auszusprechen. Und zu der Regenwolke kann ich nur sagen: Es gibt ja überall Versuche, die Wolken zu lenken. Das wäre doch ein Segen. Warum sollten unsere Wissenschaftler nicht auch daran arbeiten? Vielleicht sogar hier in der Nähe.«

Jacques Apied hat schweigend zugehört. Jetzt steht er auf und macht sich fertig zum Unkrautjäten im Gemüsegarten. An der Tür dreht er sich noch einmal um: »Seit wir ein Atomkraftwerk in der Nähe haben, wundere ich mich über gar nichts mehr.«

Der Bauer ist ein einfacher Mann. Er versteht nichts von Wissenschaft, aber er weiß, was er tun muß, damit seine Tiere gedeihen und seine Pflanzen wachsen.

Kamera fotografierte Einbrecher von allein

Der »Schnappschuß«: Pech für den Einbrecher

Es gab keine Alarmanlagen im Haus. Der Einbrecher konnte sich ganz sicher fühlen. Aber er hatte nicht mit der neuen Kamera der Familie von B. gerechnet.

Es war eine böse Überraschung, als Familie von B. vom Empfang beim Bürgermeister zurückkam. Die Haustür war aufgebrochen. Die Wohnung verwüstet. Sämtliche Wertsachen gestohlen. Darunter auch das über 100 Jahre alte Familiensilber von unschätzbarem Wert.

Hubertus von B. ist noch heute über den dreisten Einbruch empört: »Es war schrecklich. Meine Frau fiel in Ohnmacht. Sie haben wie die Vandalen gehaust. Was die Einbrecher nicht mitnehmen konnten, haben sie zerstört! Nur meine Kamera zwischen den Büchern hatten sie nicht entdeckt.« Die Polizei war sehr schnell am Tatort, aber selbst die Spezialisten der Spurensicherung waren ratlos. Die Einbrecher hatten keine verwertbaren Spuren hinterlassen. »Da waren Profis am Werk, die Polizei hat mir keine Hoffnung gemacht, daß ich das teure Familiensilber jemals wiederbekomme.«

Doch wenige Tage später geschah das Wunder. Hubertus von B. hatte den Film aus seiner Kamera zum Entwickeln gebracht. Es war seltsam, einige der Bilder hatte er mit absoluter Sicherheit nicht selbst fotografiert. Diese Bilder zeigten einen der Einbrecher auf frischer Tat. »Stellen Sie sich meine Überraschung vor. Ich wollte es nicht glauben, aber meine Kamera hat den Einbrecher fotografiert. Ich kann es mir nur so erklären: diese japanischen Fotoapparate haben alle ein kleines Elektronengehirn. Warum sollte so ein Gerät nicht von alleine fotografieren können?«

Mit Hilfe der Bilder konnte die Polizei einen 32jährigen Kranführer und dessen Komplizin überführen. In seinem Keller wurde nicht nur das Familiensilber der Familie von B., sondern auch Beweismaterial von zwölf weiteren Einbrüchen sichergestellt.

Wir ließen die Kamera der Familie von B. durch die japanische Werkvertretung der Herstellerfirma untersuchen. Der Sprecher des Unternehmens Mr. Yang: »Eine Erklärung haben wir auch nicht, aber die Produkte unseres Hauses sind in ihrer elektronischen Entwicklung der Zukunft weit voraus. Nicht umsonst beherrschen unsere Produkte den gesamten Weltmarkt. Und der Einsatz künstlicher Intelligenzen ist für uns selbstverständlich!«

Auch Hubertus von B. ist von der Intelligenz seiner Kamera überzeugt. Aber er setzt nicht allein auf sie. Zur Sicherheit hat er jetzt eine Alarmanlage in sein Haus einbauen lassen.

Schaf brachte gesundes Mädchen zur Welt

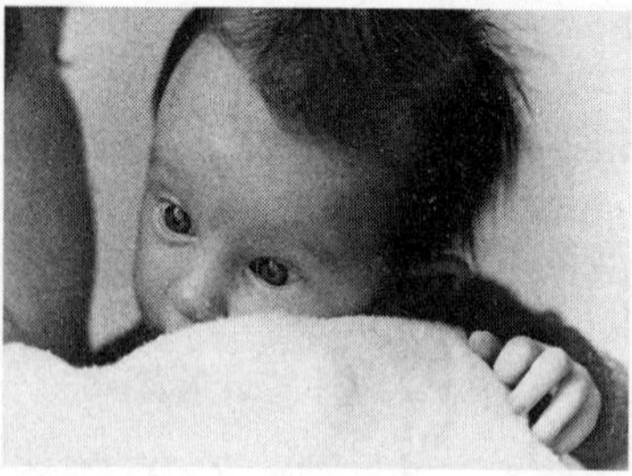

Das schafgeborene Baby: gibt seltsame Töne von sich

Niemand glaubt Mary O'Conner. Von einem Spaziergang brachte sie ein Baby mit nach Hause. Sie behauptet, die Mutter sei ein Schaf!

Wenn die 17jährige Mary O'Conner aus der Schule kommt, führt ihr erster Weg an das Kinderbett. Was dort liegt, ist ein Schafjunges in Menschengestalt. Liebevoll gibt sie ihm die Flasche. Sie behandelt es wie ihr eigenes Baby.

»Ich habe gesehen, wie es geboren wurde«, erzählt sie. »Ich hatte das trächtige Schaf schon bei meinen täglichen Spaziergängen beobachtet. Ich wartete auf das Lamm. Kurz nach Ostern war es endlich soweit. Ich wollte der Mutter helfen, doch als ich näher kam, blieb mir fast das Herz stehen. Im gleichen Moment brachte das Schaf ein gesundes Mädchen zur Welt.«

Die rotblonde Mary wohnt in der Nähe Dublins auf einem Bauernhof. Ihre Eltern glauben an die Geschichte ihrer Tochter. Die Mutter: »Vor einiger Zeit hat eine Frau in China Affenkinder geboren. Das stand ja in jeder Zeitung. Warum nicht auch umgekehrt? Heutzutage ist doch alles möglich. Warum sollte Mary alles erfunden haben? Und woher kommt dann das Kind?«

Die Nachbarn der O'Conners geben die Antwort: »Die hat's doch faustdick hinter den Ohren. Und in die Kirche geht sie schon lange nicht mehr. Das Kind ist ihr doch wie aus dem Gesicht geschnitten.« Mit dieser Meinung sind sie im Dorf nicht allein. Auch der Pfarrer weigert sich, das Kind zu taufen, bevor nicht die näheren Umstände endgültig geklärt sind. An ein Wunder glaubt er nicht.

Aber vieles spricht für die Geschichte von Mary O'Conner. Der Arzt, der das Baby untersuchte, hat einige ungewöhnliche Beobachtungen gemacht: »Das Kind ist sehr behaart. Ein seltsames Phänomen: Auf dem Rücken wachsen sehr dichte, weiße dünne Locken, fast wie ein Fell. Und dann seine Stimme. Wie soll ich das sagen? Es schreit nicht, es macht Mäh. Und außerdem, das kann ich mit Gewißheit sagen: Mary O'Conner war nicht schwanger.«

Mary O'Conner läßt uns das Baby nicht untersuchen. Sie fürchtet, daß wir ihm ein Leid antun. Unser letzter Weg führt uns zu dem Schäfer, doch er jagt uns mit einer Flinte von der Weide und schreit, daß er damit nichts zu tun habe. Wir nehmen uns vor, spätestens zur Einschulung des seltsamen Babys wiederzukommen.

Ich bin eine lebende Solarzelle

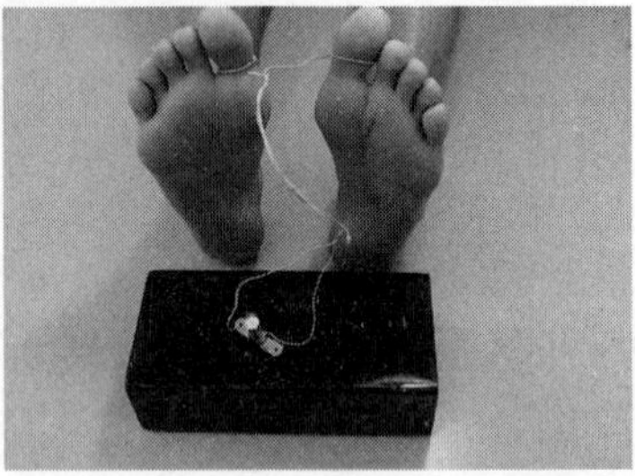

Einleuchtender Beweis: Klaus R. gibt Strom ab

Jeder hat es schon mal erlebt: Man gibt jemandem die Hand, und es kommt zu einer elektrischen Entladung. Klaus R. aus Norderstedt bei Hamburg leidet ganz besonders darunter. Sein Körper funktioniert wie ein kleines Elektrizitätswerk.

Überall auf der Welt arbeiten Wissenschaftler daran, die Sonnenenergie immer besser auszunutzen. Denn Kohle, Gas und Erdöl gehen zur Neige, nur die Umwandlung der Sonnenstrahlen kann die Zukunft sichern. Daß die Wissenschaftler dabei etwas übersehen haben, dessen ist sich Klaus R. ganz sicher. Er kann mit seinem Körper bei günstiger Witterung bis zu 6,8 Volt Strom erzeugen. Entdeckt hat er diese Eigenschaft allerdings nicht selbst, sondern sein zehnjähriger Neffe Thomas.

Helga R., seit fast 25 Jahren mit Klaus verheiratet, empfängt uns an der Gartentür. Sie legt den Finger auf die Lippen, denn ihr Mann schläft im Schatten eines Baumes auf einer Liege im Garten. Sie führt uns in die Küche, und während sie einen selbstgebackenen Pflaumenkuchen aus dem Herd holt, berichtet sie: »Wissen Sie, es war vor einem Jahr genauso. Mein Mann lag im Garten und schlief. Damals war Thomas, mein kleiner Neffe, während der Sommerferien bei uns. Wir haben ja leider keine

Kinder. Manchmal denke ich, es liegt daran, daß mein Mann so elektrisch ist.«

Helga R. verstummt. Sie sieht zum Fenster hinaus und schüttelt den Kopf. Wir folgen ihrem Blick. Klaus R. liegt immer noch schlafend auf seiner Liege, aber jetzt bemerken wir dünne Drähte, die an seinen Zehen angebracht sind und in der Erde stecken. Helga R. erklärt es uns: »Ohne diese Erdungskabel könnte er so ruhig gar nicht im Garten schlafen. Wenn er früher nur auf der Terrasse saß und die Sonne kam durch, dann fing es immer unter seinen Füßen an zu kribbeln, so sehr, daß er aufstand und hineinging. Das war der Strom, aber das wußten wir ja noch nicht. Bis Thomas kam. Der hatte so einen Elektrobaukasten geschenkt bekommen. Damit hat er im Garten gebastelt. Und als mein Mann kurz einschlief, hat Thomas ihm aus lauter Langeweile die Drähte an die Zehen gemacht. Dann kam er ganz aufgeregt zu mir in die Küche gelaufen. Ich habe das alles erst gar nicht verstanden. Die Drähte gingen von den Zehen meines Mannes zu einem kleinen Elektromotor. Und der drehte sich und summte.«

Klaus R. aber begriff sofort, daß der Strom aus seinem Körper kam. Mit dem Elektrobaukasten seines Neffen stellte er die ersten Experimente an. Und er entdeckte, daß der Strom schwächer wurde, wenn eine Wolke die Sonne verdeckte.

Helga R. deckt den Kaffeetisch auf der Terrasse und weckt ihren Mann für uns. Er warnt uns, ihm die Hand zu geben, denn auch die sei elektrisch. Wir probieren es trotzdem und verspüren tatsächlich ein Kribbeln. Klaus R. hat sein ganzes Leben darunter gelitten und nie gewußt, woher es kam. Nach der Entdeckung durch seinen Neffen Thomas holte er einen Elektrikermeister aus der Nachbarschaft. Der stellte präzise Messungen an, die keinen Zweifel mehr ließen.

Natürlich wollen wir einen Beweis. Klaus R. holt ein kleines Transistorradio. Er nimmt die Batterien heraus und drückt seine Zehen in das Batteriefach. Tatsächlich, das Radio beginnt zu spielen. Klaus R. zeigt uns noch mehr. Er holt eine kleine Fahrradglühbirne aus der Hosentasche. Die Drähte ihrer Fassung wickelt er sich um die rechte und die linke große Zehe. Die Birne beginnt flackernd, dann strahlend hell zu leuchten. Sorgsam untersuchen wir seine nackten Füße, bis wir überzeugt sind. Es ist kein Trick dabei: Klaus R. ist eine lebende Solarzelle.

Arbeitslosem schrumpfen die Hände

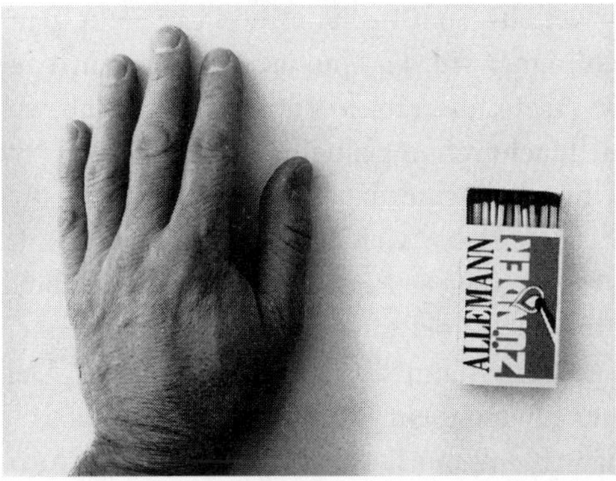

Schrumpfhand: bald das Los aller Arbeitslosen?

Der 57jährige Hermann P. ist ein Opfer der schlechten Konjunktur. Doch damit nicht genug. Nach zweijähriger Arbeitslosigkeit machen sich seltsame Veränderungen an seinem Körper bemerkbar.

Hermann P. wohnt im Saarland. Er war Stahlarbeiter und liebte seinen Beruf. Seine Vorgesetzten schätzten ihn, und er war beliebt bei seinen Kollegen, denn er war sich für keine Arbeit zu schade.

Vor zwei Jahren aber brach für Hermann P. eine Welt zusammen. Seine Firma stellte den Betrieb ein. Das Arbeitsamt machte ihm wenig Hoffnung, daß er in seinem Alter noch eine Stellung bekäme. Nach einem Jahr Arbeitslosigkeit begann der zweite Schicksalsschlag. Seine Frau Gertrud bemerkte die Veränderung an ihm zuerst: »Eines Morgens sehe ich ihn am Fenster stehen, und ich denke noch, was sieht der Hermann komisch aus. Irgend etwas stimmt nicht an ihm. Dann kommt er an den Frühstückstisch, und da sehe ich es. ›Hermann‹, sagte ich, ›was ist mit deinen Händen?‹«

Was Gertrud P. an diesem Morgen zum ersten Mal mit Entsetzen bemerkte, wird inzwischen von zwei Ärzten bestätigt. Die Hände von Hermann P. schrumpfen. Sie werden von Monat zu Monat kleiner. Und der Prozeß ist nicht aufzuhalten. Es besteht sogar die Gefahr, daß auch seine Arme schrumpfen werden. Der Stahlarbeiter ist verzweifelt: »Ich wollte es erst gar nicht glauben, bis es immer schlimmer wurde. Und jetzt ist es ja auch gemessen worden. Die Ärzte, die rätseln rum. Keiner weiß was Genaues. Als wenn ich nicht schon genug bestraft wäre.«

Seine Hände sind innerhalb eines Jahres in der Breite um drei Zentimeter und in der Länge um vier Zentimeter geschrumpft. Was sein Hausarzt regelmäßig gemessen und in einer Tabelle festgehalten hat, ist für uns sofort offensichtlich: Diese kleinen Hände passen nicht zu dem Mann mit der kräftigen Figur. Daß er einmal Stahlarbeiter gewesen sein soll, ist fast unvorstellbar.

Nur widerwillig läßt Hermann P. seine Hände von uns fotografieren. Er fühlt sich nicht mehr wohl in seiner Haut. Aber im Gegensatz zu seinem Arzt hat er doch eine Vermutung, woher die Veränderung seines Knochenbaues kommen könnte: »Das Schlimmste ist, daß ich keine Arbeit mehr habe. Morgens aufstehen und dann zwischen dem Sofa und dem Fernseher hin und hergehen, das ist doch alles, was ich zu tun hab, denn Gertrud will ja auch nicht, daß ich im Haushalt helfe. Manchmal denke ich, daß ich keine Arbeit hab, wo ich doch so gern mit den Händen zugepackt habe, das macht es jetzt, daß die so klein werden.«

Hermann P. gibt uns die Röntgenbilder seiner Hände mit. Denn wir wollen sie einem amerikanischen Spezialisten für Orthopädie zeigen. Sein Kommentar: »Es handelt sich bei den mir übergebenen Röntgenbildern um die Aufnahme einer rechten und einer linken Hand, vermutlich derselben Person. Es gibt keine Auffälligkeiten in der Struktur des Knochenbaus und der Gelenke. Aufgrund eines Vergleichs mit anderen Aufnahmen aus dem Archiv kann ich sagen, daß es sich wahrscheinlich um die Hände eines vielleicht neunjährigen Jungen handelt – auf keinen Fall ist die Person älter. Es könnten natürlich auch die Hände eines Mädchens sein.«

Als wir dem Arzt vorhalten, es handle sich um die Hände eines

57jährigen Stahlarbeiters, sieht er uns zweifelnd an. Er will es nicht glauben. Eine Erklärung hat er nicht.

Es gibt keine Behandlungsmöglichkeit für das seltsame Leiden, gesteht auch der Hausarzt. Hermann P. hat seinen Lebensmut verloren. Vielleicht hat er recht mit seiner Vermutung, daß ihm nur eine neue Arbeit helfen würde.

Teppichboden wurde lebendig

Gar nicht so selten:
wandernder Teppich

Daß ein Teppichboden sich im Laufe der Zeit verzieht oder Falten wirft, kennen wir alle. Doch was der pensionierten Finanzbeamtin Petra Q. mit einem kleinen Stück Teppichboden passiert, ist mehr: Es scheint zu leben.

Fachleute stehen vor einem Rätsel, dabei kann man das Phänomen in Petras kleiner Zweizimmerwohnung täglich beobachten.

Das Stück Teppichboden, das sie uns vorführt, liegt in ihrem Flur und ist kaum größer als einen Quadratmeter. Auf blauem Grund hat es ein hübsches rotgelbes Muster und scheint vollkommen harmlos. Petra Q. erzählt von der Herkunft des Teppichs: »Meine Schwester hat ihre ganze Wohnung damit ausgelegt. Weil ich ihn so hübsch fand, hat sie mir einen Rest geschenkt. Den habe ich mir in den Flur gelegt, denn mein Teppichboden darunter war gerade an dieser Stelle schon so abgenutzt. Und ich dachte auch, er wäre an der Tür ein guter

Schmutzfänger. Bei meiner Schwester verhält sich der Teppich übrigens ganz normal.«

Was Petra dann berichtet, könnte aus dem Märchen vom fliegenden Teppich stammen. »Immer wieder lag der Teppich an einer anderen Stelle, als ich ihn hingelegt hatte. Einmal hatte ich ihn gerade gesaugt – das mag er nicht – und kam dann mit einem beladenen Tablett aus der Küche, da bildete er eine große Falte. Ich stolperte und brach mir fast das Genick. Ein anderes Mal hatte ich mich im Wohnzimmer zum Mittagsschlaf auf das Sofa gelegt. Als ich aufwachte, bekam ich die Tür nicht mehr auf. Der Teppich hatte sich darunter geschoben und sie verkeilt. Ich war gefangen. Die Nachbarn im Haus haben mein Rufen gehört und mich befreit.«

Petra Q. hat alles getan, um den Teppich festzuhalten. Sie hat ihn mit Klebestreifen und mit Nadeln befestigt. Aber jedesmal hat er sich nach kurzer Zeit losgerissen. Jetzt will sie sich endgültig von ihm trennen.

Wir selber machen einen Versuch. Wir stecken den Teppich am Untergrund fest. Petra prophezeit, daß er das keine 20 Minuten aushalte. Sie schenkt uns während der Wartezeit Früchtetee ein. Als wir nach zehn Minuten nachschauen, liegen die Nadeln lose, und wir sehen es an unseren Kreidestrichen: Der Teppich ist fast fünf Zentimeter gewandert. Ein Ergebnis, wie es auch im Bericht des dänischen Parapsychologen Jörgen Lassen festgehalten ist. Er weist uns auf ein ähnliches Phänomen in der Natur hin:

»Kennen Sie nicht die wandernden Steine? In einem Teil der Sahara kann man das beobachten. Sie sind viel schwerer als ein Teppich und doch bewegen sie sich vorwärts. Man kann es sehr gut feststellen, weil sie dabei deutliche Spuren hinterlassen. Ich glaube, das ist gar kein so seltenes Phänomen. Wie oft erleben wir es im Alltag, daß wir etwas an einer Stelle wiederfinden, wo wir es gar nicht hingelegt haben. Aber die konventionelle Wissenschaft weigert sich ja, solche Dinge wahrzunehmen und zu untersuchen.«

Hund kann Gedanken lesen

Pudelmischling Fritz weiß alles

Er heißt Fritz, hat schwarzes Fell und ist von unbestimmbarer Rasse. Doch eines unterscheidet den sechsjährigen Rüden von allen anderen Hunden der Welt: Er kann Gedanken lesen!

Fritz ist nicht besonders schön, doch für Ilse P. bedeutet er alles. Seit dem frühen Tod ihres Mannes lebt sie zurückgezogen mit ihrem Hund in dem großen Landhaus, das ihr Mann ihr hinterließ.

Daß Fritz kein normaler Hund ist, darauf machte uns der Tierarzt Werner F. aufmerksam. Ilse P. zögert, uns zu empfangen. Am Telefon spielt sie die verblüffende Fähigkeit ihres Hundes herunter. Doch schließlich dürfen wir sie besuchen.

Schon am Gartentor begrüßt uns Fritz schwanzwedelnd und läuft voraus. Auf der Freitreppe vor dem Haus erwartet uns Ilse P. in einem langen schwarzen Seidenkleid. Die schlanke 35jährige hat den Tod ihres Mannes noch nicht verwunden. Der Hund springt ihr auf den Arm und leckt ihr das Gesicht. Ilse P. führt uns in das Kaminzimmer und bittet uns, Platz zu nehmen. Zögernd erzählt sie: »Ich weiß, warum Sie gekommen sind, und ich bin nicht sicher, ob ich es Ihnen vorführen soll. Ein schrecklicher Gedanke, daß die Leute dann vielleicht vor meinem Haus vorfahren, um den Hund zu sehen, der Gedanken lesen kann. Ich mag Menschen nicht besonders...«

Abwesend streichelt sie den kleinen Fritz, der sich auf ihrem Schoß zusammengerollt hat und uns mit klugen Augen beobachtet. Er scheint zu wissen, worum es geht.

Schließlich springt er von ihrem Schoß und stellt sich erwartungsvoll vor seinem Frauchen auf. Ilse P. lächelt zum ersten Mal und erklärt sich bereit, ein Experiment zu machen.

Wir notieren auf einem Zettel, der Hund solle als erstes auf einen Sessel am Fenster springen, dann seinen Freßnapf holen und drittens einen Schlüsselbund aus einer Jackentasche ziehen. Ilse P. nimmt den Zettel, liest und sieht ihren Hund an. Sie sagt kein Wort dabei und gibt ihm keinerlei Zeichen. Fassungslos erleben wir, wie der kleine Hund tatsächlich alles in der beschriebenen Reihenfolge ausführt. Wir wollen wissen, seit wann sie diese Eigenschaft bei ihrem Hund beobachtet hat, und Ilse P. stehen plötzlich die Tränen in den Augen. »Es hat genau zwei Tage nach dem Tod meines Mannes begonnen. Es war, als wollte der kleine Fritz seine Stelle einnehmen. Wissen Sie, mein Mann war immer sehr fürsorglich zu mir und las mir jeden Wunsch von den Augen ab. Als er noch lebte...« Ilse P. kann nicht weitersprechen. Der Schmerz der Erinnerung übermannt sie. Der Hund springt wieder auf ihren Schoß und leckt ihre Hand. Doch gleich darauf läuft er zu uns, zieht vorsichtig an unseren Hosenbeinen und drängt uns zur Tür. Wir verstehen, was er uns sagen will, und verabschieden uns leise.

Wenig später tragen wir den Fall dem russischen Tierpsychologen Valentin Dogow vor, der sich auf einer Vortragsreise in Deutschland aufhält. Er ist nicht besonders überrascht: »Tiere sind zu erstaunlichen Leistungen fähig. Gerade Haustiere werden häufig völlig unterschätzt. Sie kennen bestimmt die Fälle, bei denen Hunde und Katzen über Hunderte von Kilometern hinweg ihre Herren wiedergefunden haben. Und lassen Sie mich noch eines sagen: Was glauben Sie, wie Tiere sich untereinander verständigen? Natürlich ist da die Gestik, aber sie erklärt nicht alles. Der Rest ist, denke ich, Telepathie, Gedankenübertragung. Die russischen Wissenschaftler haben in diesem Bereich schon immer geforscht.«

Aus Schweiß Millionen gemacht

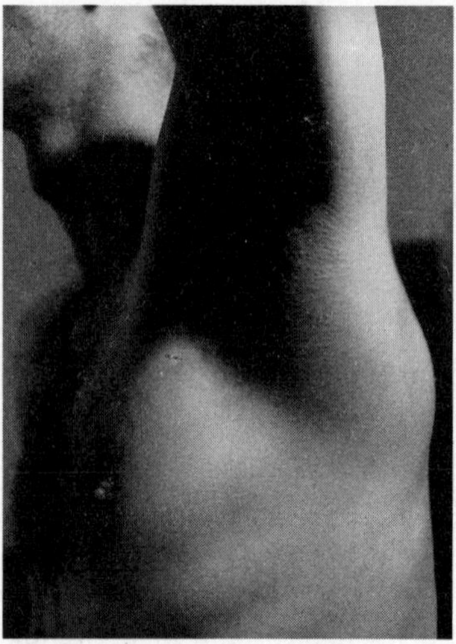

An der Quelle eines weltberühmten Parfums

Wissen Sie, woraus Parfum besteht? Kein Kosmetikunternehmen wird es Ihnen verraten. Es ist das Geheimnis seines Erfolges. Doch die Firma von Mr. Miller hat noch einen besonderen Grund zur Geheimhaltung. Wüßten die Frauen in aller Welt, woraus dieses Parfum besteht, sie würden es nicht mehr benutzen.

Eine Million Dollar Strafe müssen wir bezahlen, wenn wir den richtigen Namen von Mr. Miller oder den seines Parfums nennen. Nur unter diesen Bedingungen ist er bereit, mit uns zu sprechen.

Sein Anwesen in der Nähe von Los Angeles ist von einer hohen Mauer umgeben und mit Stacheldraht und Video-Kameras ausgerüstet. Bewaffnete Wächter empfangen uns am Tor, geleiten uns bis ins Haus. Mr. Miller empfängt uns am Swimmingpool, der die Form seiner berühmten Parfumflasche hat. Der braungebrannte und durchtrainierte 40jährige schüttelt uns herzlich die Hände. Voller Stolz erzählt er: »Sie hätten mich vor sieben Jahren sehen sollen. Ich lebte damals in einem der schlimmsten Stadtteile von New York. Ich wohnte in einem Abrißhaus und verdiente mein Geld als Parkwächter. Ich war arm, und ich mußte mit ansehen, wie meine Freunde um mich herum erfolgreiche Geschäftsleute wurden. Eines aber unterschied mich schon immer: Meine Freunde wurden reich und einsam, mich aber liebten die Frauen. Ich hatte an jedem Finger zehn. Ich konnte sie kaum abwehren. Sie belagerten meine Wohnung. Es machte ihnen nichts aus, daß ich arm war.«

Mr. Miller glaubte wie jeder Amerikaner an seine Chance. Er wußte, sie würde kommen. Er mußte sie nur erkennen. Seine Chance kam in Gestalt des Mädchens Susan. »Susan fragte, ob ich wisse, was an mir die Frauen so verrückt mache. Ich wußte es nicht, und sie sagte, es sei mein Geruch. Sie kuschelte sich an mich. Und dann sagte sie im Scherz, man müßte ein Parfum daraus machen. Und in diesem Augenblick ging mir ein Licht auf. Wissen Sie, ich transpiriere sehr stark.«

Mr. Miller handelte sofort. Er sammelte seinen Schweiß, verdünnte ihn mit einer alkoholischen Lösung und füllte damit 20 kleine Flaschen. Den Erfolg konnte er kaum bewältigen. Man riß ihm die Flaschen aus den Händen, und große Parfümerie-Ketten gaben Eilbestellungen auf. Innerhalb von sechs Monaten war eine Fabrik gebaut und der amerikanische Markt erobert. Nach einem Jahr wurde das Parfum auf der ganzen Welt gehandelt.

Mr. Miller geht noch heute täglich in die Sauna, um sich den Grundstoff für sein Parfum von der Haut zu schaben. »Meine Chemiker sagen zwar, sie könnten das Elixier auch annähernd synthetisch herstellen. Aber ich denke, die Frauen in der Welt haben ein Anrecht auf die natürliche Methode.«

Die Geschichte von Mr. Miller erscheint uns wie ein modernes Märchen. Seinen Aussagen über den Grundstoff seines Parfums stehen wir zweifelnd gegenüber. Wir bitten deshalb den französischen Duftchemiker Dr. Patrique um einen Kommentar:

»Über die Grundstoffe der Parfums spricht man nicht gern.

Ihr Ursprung ist oft ein wenig unappetitlich. Moschus zum Beispiel ist ein Drüsensekret, genau wie Schweiß. Bei Ambra handelt es sich sogar um die ölige Darmausscheidung des Pottwals. Heute allerdings können wir das alles synthetisch herstellen. Was Mr. Miller macht, scheint mir von typisch amerikanischer Mentalität zu sein. Aber ich glaube ihm seine Geschichte. Sagen Sie mir, um welches Parfum es sich handelt?»

Das aber müssen wir verschweigen. Es könnte uns teuer zu stehen kommen. Ein Blick ins Labor von Dr. Patrique aber zeigt, er hat Mr. Millers Parfum auch auf seinem Regal stehen.

Schauspielerin entdeckt Geheimnis ewiger Jugend

Maria von D. lebt wie ein Vampir

Ihre Geburtsurkunde ist echt. Doch wer Maria von D. sieht, muß an eine Fälschung glauben. Sie sieht aus wie eine Frau von 40 Jahren, doch geboren wurde sie bereits 1910.

In den dreißiger Jahren spielte Maria von D. in einer ganzen Reihe deutscher Filme mit. Eine Hauptrolle bekam sie nie. Der Krieg unterbrach ihre Karriere. Als sie Anfang der fünfziger Jahre wieder auf die Leinwand zurückwollte, hieß es überall, sie sei zu alt. Sie zog sich verbittert zurück.

Maria von D. wohnt mit ihrer Haushälterin in einer über 200 Jahre alten, ehemaligen Wassermühle. Sie steht unter Denkmalschutz. Ein Liebhaber hat sie ihr in den dreißiger Jahren geschenkt. Maria von D. hat uns erst weit nach Sonnenuntergang empfangen, und da sie nur Kerzenlicht duldet, sind wir nicht sicher, ob uns unsere Augen einen Streich spielen. Diese Frau kann unmöglich über 80 Jahre alt sein. »Sie wollen mein Geheimnis wissen, nicht wahr? Ich war verzweifelt und wütend, weil mich niemand mehr wollte. Fast hätte ich mich umgebracht. Und da kam mir diese Idee. Ich wußte, daß ich dafür auf ein normales Leben verzichten mußte – aber das Leben bedeutete mir damals sowieso nichts mehr.«

Maria von D. beginnt, in Andeutungen zu erzählen. Doch nach und nach erfahren wir ihr Rezept für die ewige Jugend. Und mit jedem Detail wird unser Entsetzen größer. Sie schläft 14 bis 16 Stunden, so lange das Tageslicht scheint. Niemals setzt sie ihre Haut auch nur einem Sonnenstrahl aus. Ihr Bett befindet sich im Keller der Mühle. Es ist eine Grube in der Erde, die ihre Haushälterin mit einem Brett abdeckt. Wir dürfen es besichtigen. Als einzige Nahrung nimmt sie jede Nacht zwei bis drei Liter Schweineblut zu sich. Ein Schlachter in der Kreisstadt bestätigt uns später die tägliche Lieferung. Maria von D. ist stolz auf ihren Jungbrunnen:

»Es ist am Anfang nicht einfach, aber es funktioniert. Schweineblut genügt als Nahrung. Und auf keinen Fall Sonnenlicht. Und vergessen Sie nicht, Sie müssen möglichst tief in der bloßen Erde schlafen.«

Wir haben nicht vor, das Rezept zu befolgen. Wir bitten, ein Foto machen zu dürfen. Es wird uns gewährt, jedoch ohne Blitzlicht. Im Mondschein verlassen wir die Wassermühle, und erst jetzt fällt uns auf, daß ihre Fenster vermauert sind.

Der Zweifel, alles geträumt zu haben, treibt uns am nächsten Tag zur zuständigen Behörde des Landkreises. Ein Beamter gibt uns schließlich Auskunft, obwohl er es gar nicht darf: »Die Frau ist bei uns gemeldet. Es stimmt, sie ist 1910 geboren, in Breslau. Übrigens wurde 1954 gegen sie ermittelt. Sie sollte ihre damalige Haushälterin umgebracht haben. Ich begann zu der Zeit gerade hier in der Behörde, deshalb weiß ich es noch genau. Aber es kam gar nicht zur Anklage. Aus meinen Unterlagen geht hervor, daß ihr Ausweis noch aus dieser Zeit stammt, also längst abgelaufen ist. Wir könnten sie deshalb auffordern, hier auf dem Amt zu erscheinen. Aber was wollen Sie, sie ist eine alte Frau. Sie hat nicht mehr lange zu leben.«

Der Beamte läßt uns einen schnellen Blick auf eine Karteikarte aus dem Jahre 1954 werfen. Ein Foto von Maria von D. ist darauf mit Heftklammern befestigt. Es zeigt die Frau, der wir gestern gegenüber saßen. Sie war keinen Tag älter geworden.

Kohl heilt stummes Mädchen

Sorglos in die Zukunft:
Margret und ihr Verlobter

Fast sieben Jahre hatte Margret P. gelitten – sie war plötzlich stumm geworden. Am Silvesterabend 1992 geschah dann das Wunder. Als Kanzler Kohl im Fernsehen erschien, konnte sie wieder sprechen.

Die Leidensgeschichte des hübschen Mädchens aus dem Rheinland begann 1986. Sie war gerade 14 Jahre alt, als sie die Sprache verlor. Eine Störung des Sprachzentrums diagnostizierten die Ärzte. Die Mutter erinnert sich: »Wir verstanden das alle nicht. Zuerst dachte ich, sie macht Spaß. Sie fing plötzlich an zu stottern. Wir lachten noch über sie. Aber ihr Gesicht wurde ganz rot vor Anstrengung. Und dann – innerhalb einer Woche konnte sie gar nicht mehr sprechen. Es war damals gerade diese Sache mit Tschernobyl passiert. Ich dachte, es hinge vielleicht mit den Strahlen zusammen. Aber die Ärzte haben mich beruhigt. Dann hätte es ja jeder kriegen müssen.«

Eine Viruserkrankung wurde vermutet. Doch alle Heilungsversuche schlugen fehl. Das lustige, aktive Mädchen, das in der Schule eine Arbeitsgruppe für Umweltschutz gegründet hatte, zog sich zurück. »Wir waren verzweifelt«, berichtet die Mutter. »Noch eine Woche zuvor war sie mit ihrer Gruppe in den Wald gegangen, um dort Müll zu sammeln. Dann verließ sie ihr Zimmer nicht mehr. Sie lachte nicht mehr. Sie saß nur noch herum.«

Ein Taubstummenlehrer wurde engagiert, doch Margret weigerte sich, die Zeichensprache zu lernen. Heute sitzt sie lächelnd neben ihrer Mutter auf dem Sofa und kann darüber Auskunft geben: »Ich hatte immer das Gefühl, sprechen zu können, nur die Worte fehlten mir. Sie kennen dieses Gefühl bestimmt, wenn einem ein Wort auf der Zunge liegt, aber man kann es trotzdem nicht sagen. Genauso war es.«

Die inzwischen 21jährige hat ihren Lebensmut wiedergefunden. Seit zwei Monaten ist sie mit einem Kraftfahrzeugmechaniker verlobt und will so schnell wie möglich heiraten und Kinder haben. Daß Kanzler Kohl etwas mit ihrer Heilung zu tun haben könnte, davon will sie nichts wissen. Doch die Mutter ist anderer Meinung: »Wir saßen Silvesterabend alle beisammen. Wir machen das immer. Es gab Karpfen, den laß ich mir Silvester nicht nehmen. Wir gingen dann zum gemütlichen Teil über. Mein Mann schaltete den Fernseher an. Da fing Kohl gerade an zu reden. Und plötzlich schreit Margret auf, hat ein ganz rotes Gesicht und rennt raus. Ich hinterher. Da steht sie im Badezimmer vor dem Spiegel und sagt: Mama, ich kann doch sprechen!«

Der Neurologe, der Margrets Fall die letzten Jahre begleitete, gibt seine Ratlosigkeit unumwunden zu: »Oft gehen Sprachbehinderungen auf frühkindliche zerebrale Störungen oder auf extreme psychische Belastungen zurück. Und es gibt die Sprachstörung durch einen Schock. Meist kann das allmähliche Wiedereinsetzen der Sprachfähigkeit durch eine gezielte Therapie, beziehungsweise manchmal auch durch einen weiteren Schock erreicht werden. Bei Margret war das alles anders. Es gab keinen Grund für ihr Verstummen, also auch keinen für die plötzliche Heilung.«

Margret hat im Frühjahr eine Lehrstelle in einer Konditorei gefunden. Unsere Frage, ob sie Angst habe, daß die Sprachlosigkeit wiederkomme, irritiert sie einen Augenblick, doch dann lacht sie.

Es ist das übermütige Lachen eines jungen Menschen, der sich um die Zukunft keine Sorgen macht.

Ich bin ein künstlicher Mensch

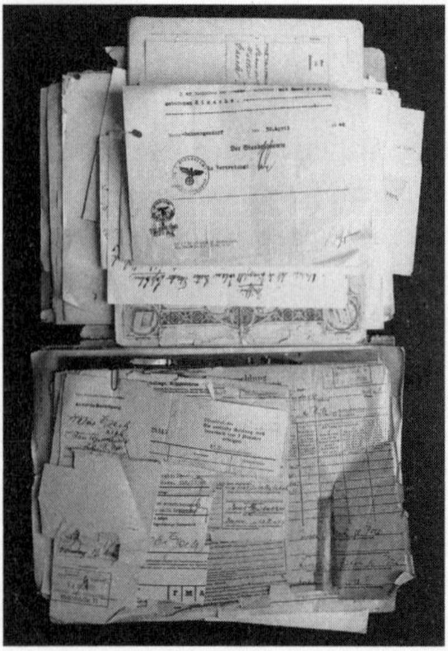

Eindeutige Aktenlage:
Siegfried F. ist künstlich

Auf der ganzen Welt gibt es wahrscheinlich vier noch lebende künstliche Menschen. Dies behauptet Siegfried F. aus Buenos Aires. Und er kann es beweisen, denn er gehört selbst dazu.

Schon immer hatte Siegfried F. das Gefühl, daß mit seiner Herkunft und mit ihm selbst etwas nicht stimmte. Er war anders als andere Menschen. Sein Vater hatte als Arzt in einem geheimen Forschungslabor der Nazis gearbeitet. 1946 kam er mit dem fünfjährigen Siegfried nach Argentinien. Fragen nach seiner Mutter verbot er dem Sohn. »Mein Vater – wenn ich ihn so nennen kann – lehnte jedes Gespräch über die Vergangenheit ab. Aber auf seinem Schreibtisch stand immer ein kleines Foto von Hitler. Mit einer Widmung.«

Als Siegfrieds Vater im Frühjahr starb, kamen in einem Banksafe vier Aktenordner zutage. Sie stammten noch aus dem Forschungslabor, und einer davon trug Siegfrieds Namen. Was Siegfrid F. in seinem Ordner las, wirkte wie ein Schock. Es war der präzise wissenschaftliche Bericht, mit allen Daten, Unterlagen und Fotos, seiner Entstehung. Siegfried ist noch heute entsetzt: »Man stelle sich das vor: Die haben mich aus verschiedenen Babys zusammengesetzt. Die operativen Techniken waren präzise beschrieben. Die wollten einen idealen Menschen schaffen. Und das erklärt vieles: Ich habe keinen Bauchnabel. Und dann, mein unterentwickeltes Schmerzempfinden. Meine Unfähigkeit zu Gefühlsausbrüchen. Es wurden bestimmte Drüsen weggelassen. Ich kann zum Beispiel nicht weinen. Ich schwitze auch nicht. Und – ich sage das ungern – Frauen haben mich nie interessiert. Auch Teile des Gehirns fehlen. Daher meine geradlinige Art zu denken, meine Ordnungsliebe. Es ist mir unmöglich zu lügen.«

Der blonde, 1,80 m große Siegfried F. erhebt sich aus seinem Sessel. Er zieht seine Jacke zurecht und durchmißt mit festem Schritt das Zimmer. Der 52jährige hat nach dieser Entdeckung seinen Abschied vom Argentinischen Militär eingereicht. Den Offizier aber sieht man ihm in jeder Bewegung noch an.

Die anderen Ordner berichteten von drei weiteren Überlebenden dieser entsetzlichen Versuche der Nazis. Siegfried F. vernichtete die gesamten Unterlagen. Er hatte Angst, die Akten könnten in falsche Hände gelangen und die Versuche fortgeführt werden.

Siegfried F. ist bereit, sich in einer argentinischen Klinik untersuchen zu lassen. Einer der Ärzte bestätigt verblüfft fehlende Nervenbahnen und Drüsen. Fast nebensächlich, bereits am Ende der Unterhaltung, fügt er noch hinzu: »Wir haben dem Patienten die Haut mit einem Reizmittel eingerieben, um die Unempfindlichkeit zu lokalisieren, dabei wurden Narben sichtbar. Der Patient muß in frühester Jugend einen sehr, sehr schweren Unfall gehabt haben. Es sind Operationsnarben, die seinen gesamten Körper wie Grenzen auf einer Landkarte überziehen.«

Siegfried F. will im nächsten Jahr nach Deutschland reisen. Er behauptet, einer der weiteren künstlichen Menschen könne ein bestimmter Politiker sein. Er will versuchen, ihn zu treffen. Wer es ist, verrät er uns nicht.

Süchtig nach Waschpulver

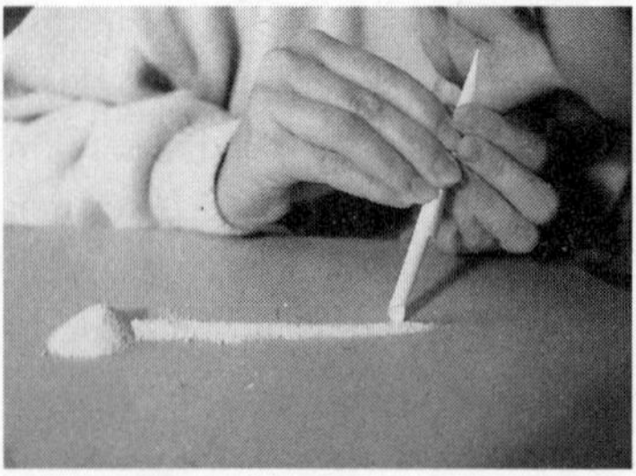

Lebensgefährlich: Waschpulver-Sucht!

Es begann vor Jahren ganz harmlos. Die Zehn-Kilo-Trommel Waschpulver war im nahen Supermarkt um drei Mark herabgesetzt. Waltraud S. deckte sich mit fünf Trommeln ein. Heute ist die 45jährige ein menschliches Wrack.

In der kleinen Einliegerwohnung stapeln sich die Waschmittelpackungen bis unter die Decke. Doch damit nicht genug. Aus der Jagd nach dem preiswerten Waschmittel entwickelte sich eine Tragödie. Waltraud S. wurde süchtig, nicht nur nach Sonderangeboten, sondern auch nach Waschpulver. Sie schnüffelt es. Wenn sie es nicht regelmäßig tut, beginnen ihre Hände zu zittern, und sie krümmt sich vor Schmerzen. Zwei Entziehungskuren hat sie bereits hinter sich. Vergeblich. Jetzt steht die Scheidung bevor.

Wir treffen zuerst ihren Mann Helmut. Ein einfacher Beamter der Bundesbahn. Er sitzt in seiner Fernsehecke – eingepfercht von Waschmittelpackungen . »Ich habe zuerst gar nicht bemerkt, was mit Waltraud los war. Ich habe ihr ja noch geholfen, die Kartons zu tragen und mich gefreut, daß sie so sparsam ist. Wenn man das mal umrechnet, hat sie ja auch sehr viel Geld gespart. Aber dann habe ich sie in der Küche erwischt. In der einen Hand hatte sie ein Häufchen Waschpulver, das sie immer an die Nase führte. Sie konnte nicht mehr anders. Sie niest dann immer. Ihre Nasenscheidewand ist schon ganz kaputt, sagt der Arzt. Der hat sie dann zur Kur geschickt. Aber danach ging alles wieder von vorn los.«

Helmut S. hat auch an die Waschmittelhersteller geschrieben, denn er vermutet, daß irgendein Stoff in den Waschmitteln sei, der Hausfrauen süchtig mache. Die Antworten vielen kurz aus. Man bestritt seinen Verdacht und legte den Briefen zu allem Unglück Probepackungen bei.

Während wir uns mit Helmut S. unterhalten, kommt seine Frau nach Hause. Wieder ist sie mit zwei Zehn-Kilo-Packungen Waschmittel beladen. Erschöpft schafft sie sich in der Küche etwas Platz und rechnet uns vor, wieviel Geld sie gerade gespart hat. Ihr Kopf ist gerötet, sie atmet schwer. Dann greift sie mit der Hand in eine geöffnete Packung und führt sich etwas Waschpulver an die Nase.

Die Frau wird merklich ruhiger. Sie lehnt sich zurück. Für einen Augenblick schließt sie die Augen, dann wird sie von einem heftigen Niesanfall geschüttelt. Ihr Mann drängt uns in den Flur.

»Sie ist jetzt erst mal nicht ansprechbar«, flüstert er. »Neulich habe ich sie erwischt, wie sie mit dem Waschpulver eine Lauge machte und sie in einer Spritze aufzog. Ich hab sie ihr aus der Hand geschlagen. Das ist doch tödlich. Und das hat mir den Rest gegeben. Ich laß mich jetzt scheiden. Ich denke, es ist das Beste für sie. Ich nehme ja auch die Hälfte der Waschmittelpackungen mit, dann hat sie wieder Platz. Und ich kann ihr sowieso nicht helfen. Sie geht jetzt auch zu einem Psychologen. Sie weiß ja, daß mit ihr was nicht stimmt.«

Die Tragödie von Waltraud S. nährt auch in uns den Verdacht, daß mit unseren Waschmitteln etwas nicht stimmt. Wir wenden uns an eine Verbrauchervereinigung, die uns eine Liste der Inhaltsstoffe von Waschmitteln vorlegt. Sie ist harmlos. Doch die ehrenamtliche Vorsitzende ist über unseren Bericht schockiert und äußert eine Vermutung:

»Ich glaube, es gibt mehr süchtige Hausfrauen als wir uns vorstellen. Nicht nur bei Waschmitteln. Die Industrie tut doch alles, damit der Verbraucher immer wieder das gleiche Produkt kauft. Es sind bestimmte Duft- oder Geschmacksstoffe, von denen wir, einmal an sie gewöhnt, nicht mehr loskommen. Wir alle sollten uns regelmäßig beobachten und überprüfen, ob wir vielleicht auf bestimmte Produkte allzusehr fixiert sind, damit wir einer Sucht zuvorkommen können.«

Betrunken durch Tomaten

Spaß mit Tomaten: der betrunkene Vincenzo

Die Spirituosen-Hersteller müßten ihre Pforten schließen, wenn es uns allen so ginge wie Vincenzo R. aus Süditalien. Er wird von Tomaten betrunken.

Was in unseren Ohren wie ein Stammtischwitz klingt, ist für Vincenzo eine grausame Laune der Natur. Seit frühester Kindheit sind ihm Tomatensalat oder Spaghetti mit Tomatensoße verboten. Selbst Pommes mit Ketchup stellen ihn vor ein Problem. Beginnt er, Tomaten zu essen, zeigt er nach wenigen Minuten die typischen Symptome eines Betrunkenen. Er lacht, lallt und schwankt. Ißt er zuviel davon, kann er sich kaum noch auf den Beinen halten und muß im Delirium ins Krankenhaus eingeliefert werden.

Wir lernen den sympathischen 18jährigen mit dem schwarzen Lockenkopf kennen, als er Verwandte in Bochum besucht.

»Ich war als kleines Kind ständig betrunken, bis man herausfand, was mit mir los war. Die Ärzte dachten zuerst, es sei ein Hirnschaden. Ich kam in ein Heim. Ich weiß noch, daß meine Mama mich regelmäßig besuchte. Sie weinte die ganze Zeit. Doch einer der Doktoren dort beobachtete mich intensiv, und er fand heraus, daß es mit den Tomaten zusammenhing.«

Während wir mit Vincenzo sprechen, serviert seine Tante das Mittagessen. Es gibt Spaghetti mit Tomatensoße. Auch für uns.

Nur Vincenzo erhält einen extra Teller. Seine Spaghetti sind nur mit Olivenöl und Knoblauch zubereitet. Sein Onkel erklärt: »Ich habe das bei Vincenzo oft selbst beobachtet. Wir hielten natürlich alle Tomaten von ihm fern. Doch als Jugendlicher, wenn er sich abends mit seinen Freunden auf der Piazza traf, steckte er sich heimlich immer ein paar kleine Tomaten ein. Seine Freunde tranken Wein und Bier. Vincenzo aß einfach eine Tomate. Wenn man so will, ein billiges Vergnügen. Aber inzwischen ist er ein vernünftiger junger Mann. Ich hoffe, er wird bald heiraten.« Der Onkel blickt auf seine hübsche Tochter Maria. Ein zartes Rot überzieht ihr Gesicht und sie schaut verschämt zu Boden. Vincenzo nickt und lächelt.

Nach dem Essen führt uns der junge Süditaliener nach draußen. Vor dem Haus zieht er aus der Hosentasche eine Tomate. Er blinzelt uns zu und beißt hinein. Nach einer Weile beginnt er zu lachen und zu plaudern: »Ich besuche meinen Onkel jedes Jahr. Und natürlich wissen alle, daß ich es wegen Maria tue. Ich liebe sie. Aber wir müssen noch ein bißchen warten. Das Komische ist, daß Maria eine vorzügliche Köchin ist, besonders wenn es um Gerichte mit Tomaten geht.« Vincenzo lacht. Er hört gar nicht wieder auf. Er will erneut in die Tomate beißen. Wir halten ihn davon ab. Der Mann ist offensichtlich bereits betrunken.

Von einem Bochumer Arzt lassen wir eine Blutprobe nehmen. Zwei Tage später kommt das Ergebnis aus dem Labor: 0,8 Promille!

Vincenzo R. steht für weitere Untersuchungen nicht zur Verfügung. Er will nicht »geheilt« werden. Und er ist längst auf der Rückreise nach Süditalien.

Tränen als Jungbrunnen

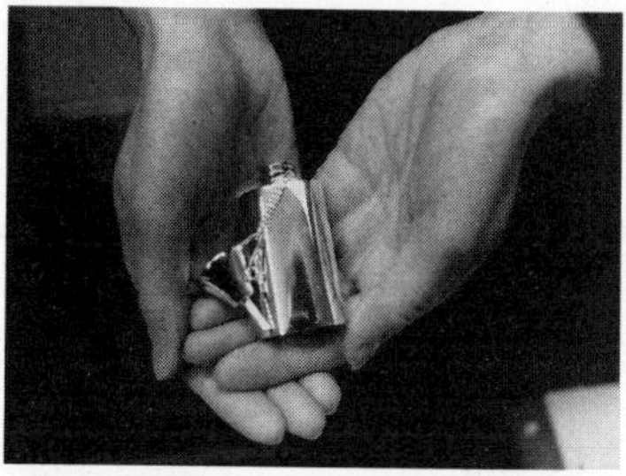

Unbezahlbar: die Tränen des Hausmädchens

Die Tränen von Mechthild Z. sind Gold wert. Ein kleiner Kreis von Frauen aus Frankreich kauft ihr jeden Tropfen ab. Denn Mechthilds Tränen wirken wie ein Jungbrunnen.

Mechthild Z. ging in den 60er Jahren als Au-pair-Mädchen nach Frankreich. Noch heute arbeitet sie bei der Familie Jacques an der Côte d'Azur als Hausmädchen. Neider behaupten, sie würde dort gefangengehalten. Denn Madame Jacques entdeckte die erstaunlichen Eigenschaften von Mechthilds Tränen und verkauft sie an ihre Freundinnen.

Das Hausmädchen bestreitet ihre Gefangenschaft, doch richtig glücklich scheint sie nicht zu sein. In der großen Küche des Landhauses berichtet sie uns von der Wirkung ihrer Tränen: »Madame hat es entdeckt. Sie können es ja auch selber sehen. Die Haut um meine Augen hat keine Falten. Es kommt von meinen Tränen. Und ich habe immer viel geweint.« Sie zögert einen Augenblick, doch dann erzählt sie uns ihr schweres Schicksal. »Ich bin damals von meinen Eltern weggelaufen, weil ich es nicht mehr aushielt. Mein Stiefvater kam immer nachts zu mir ins Bett. Und wenn ich es meiner Mutter zu sagen versuchte, schlug sie mich.« Mechthild Z. hält sich die Hände vor das Gesicht. Sie weint.

Madame Jacques ist während unseres Gespräches in die Küche

gekommen. Jetzt eilt sie mit einem kleinen silbernen Fläschchen herbei und zwingt Mechthild, ihre Tränen hineinlaufen zu lassen. Dann verschließt sie es mit einem Deckel und trägt es hinaus. Wir folgen ihr in den Salon, denn wir haben vor, das kostbare Naß untersuchen zu lassen. Doch Madame Jacques nennt einen Preis, den wir nicht bezahlen können. Es sei schon ein Sonderangebot, behauptet sie, ihre Freundinnen würden viel mehr Geld dafür geben. Sie öffnet einen Wandsafe hinter dem Bild eines französischen Königs und stellt das Gefäß hinein.

Zweimal täglich benutzt Madame Jacques die Tränen wie eine Gesichtspflege. Ihre Haut ist tatsächlich makellos und erscheint im Gegensatz zu ihrem Alter sehr jung. Sie braucht kein aufwendiges Make-up. Unsere Frage, wieviel das Hausmädchen dafür bekomme, beantwortet sie unwirsch: »Wir sprechen in unserer Familie nicht über Geld. Mechthild hat es sehr gut bei uns. Sie bekommt alles, was sie zum Leben braucht. Und sie hat immer wieder gesagt, daß sie sehr froh sei, bei uns zu sein.«

Mechthild serviert uns einen Aperitif. Mit einem scheuen Blick auf Madame Jacques bestätigt sie deren Aussagen mit einem stummen Nicken. Dann zieht sie sich in die Küche zurück.

Nach unserer Rückkehr befragen wir einen deutschen Dermatologen: »Ich kann eine solche Wirkung weder dementieren noch bestätigen. Ich würde sonst den wissenschaftlichen Standpunkt aufgeben. Um Genaues zu sagen, bedarf es einer sorgfältigen Analyse der erwähnten Tränenflüssigkeit. Allgemein läßt sich sagen, daß nitrathaltige Flüssigkeiten, und um solche handelt es sich auch bei Tränen, zur Hautpflege herangezogen werden. Zum Beispiel kennen Sie ja sicher auch die heilende Wirkung des Toten Meeres bei bestimmten Hautkrankheiten. Aber sicher kann man das nicht vergleichen.«

Engländer lebt mit Frosch im Mund

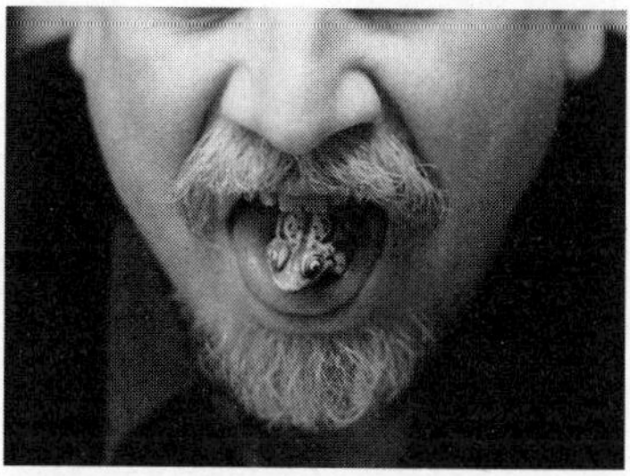

Nicht im Hals, sondern im Mund: Frosch William

James Guthry liebt Frösche. Doch jetzt ist er zu weit gegangen – sagen seine Freunde. Er lebt seit acht Wochen mit einem Frosch im Mund.

Die britische Insel war schon immer Wohnort vieler skurriler Menschen. James Guthry aus dem walisischen Lake Distrikt gehört mit Sicherheit dazu. Schon als kleiner Junge galt sein besonderes Interesse den Fröschen. Der inzwischen 60jährige Junggeselle ist noch heute von diesen Amphibien fasziniert. Im Garten seines Hauses, das er samt eines kleinen Vermögens von seinem Onkel erbte, wird der Besucher von einem Froschkonzert begrüßt. James Guthry hat für seine kleinen glitschigen Freunde eine Landschaft aus Teichen, Tümpeln und Brunnen angelegt.

Wir finden James Guthry im Schilf am Ufer eines Teiches. Er nickt uns stumm zu. Dann erhebt er sich, öffnet seinen Mund und läßt daraus einen kleinen grünen Frosch auf seine Hand springen. Förmlich entschuldigt er sich für diese Begrüßung und stellt uns seinen Frosch William vor.

Der Frosch blinzelt uns träge zu. Dann dreht er sich um und will seinem Herrn wieder in den Mund springen. James Guthry erklärt, daß er ihn eigentlich nur zu den Mahlzeiten herausnehme und wenn er zu Bett gehe. Nachts schläft William in einer kleinen Schüssel auf dem Nachttisch. »Er ist wirklich reizend. Er weckt mich morgens, indem er auf meinem Gesicht sitzt und wieder in meinen Mund will. Übrigens habe ich ihn keineswegs dazu abgerichtet. Er ist von ganz allein darauf gekommen. Ich war eines Tages im Garten eingeschlafen, und als ich erwachte, hatte es sich William in meinem Mund bequem gemacht. Wir haben uns sehr schnell angefreundet.«

James Guthry hält uns einen langen Vortrag über Frösche und ihre Lebensweise. Am Ende beginnt er auf die Franzosen zu schimpfen, weil sie Froschschenkel für eine Delikatesse halten. »Es tut mir leid, aber die Leute auf dem Kontinent wissen nichts über Frösche. Wie kann man ein so kluges und intelligentes Tier essen wollen. Ich bin sicher, Frösche gehören zu den besten Freunden des Menschen. Seit William in meinem Mund lebt, geht es mir sehr viel besser. Früher plagte mich jahraus jahrein ein schrecklicher Husten. Ich kann mit Sicherheit behaupten, daß dieses Leiden durch William vollständig geheilt ist.«

Während James Guthry mit uns spricht, beginnt der kleine Frosch immer unruhiger zu werden. Der Engländer bittet uns um Verständnis für die Bedürfnisse seines kleinen Freundes. Er öffnet seinen Mund, und mit einem Satz springt der Frosch hinein. Stumm werden wir durch den Garten geführt und durch Gesten auf seine Besonderheiten hingewiesen. Zweifellos hat James Guthry hier alle Arten von Fröschen versammelt und ihnen eine artgerechte Umgebung geschaffen. Am Ende verabschiedet er uns, ohne den Frosch aus dem Mund zu nehmen. Quakend beschwert sich der kleine Frosch.

Computer tötete seinen Besitzer

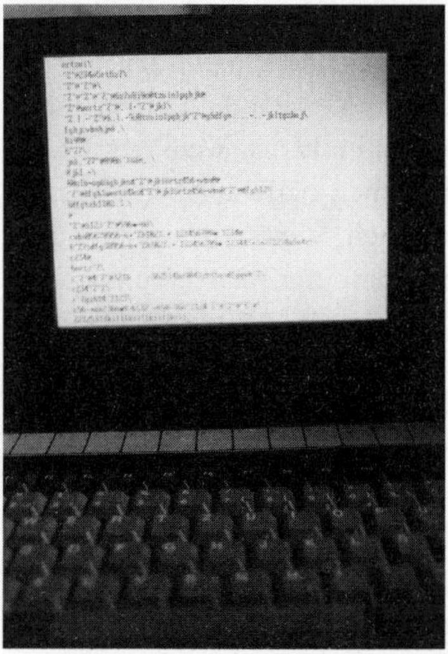

Tod auf Tastendruck: das Killer-Programm

Was in einem Computer wirklich vorgeht, ist vielen ein Rätsel. Doch der Computer-Freak John Sendburn glaubte, es genau zu wissen. Am 31. Mai aber stieß er bei seinen Experimenten auf eine Grenze – und der Computer brachte ihn um.

In seinem Totenschein steht »Herzversagen«, der amerikanische Geheimdienst CIA wollte es so. Das behaupten John Sendburns Freunde. Seine Computer wurden nach seinem Tod versiegelt und abgeholt. Niemand weiß, von wem. Versucht man, vom CIA eine Auskunft einzuholen, bekommt man die stereotype Antwort: Kein Kommentar.

In der kalifornischen Kleinstadt kannten nur wenige John Sendburn. Er hockte Tag und Nacht vor seinen Computern. Nur zwei Freunde besuchten ihn. Einer davon, Bill McLean, berichtet uns folgendes: »Ich fand John am Morgen des ersten Juni. Es war 8 Uhr 32. Er war in seinem Stuhl vor dem Computer zusammengebrochen. Zuerst dachte ich, er schlafe. Dann sah ich seine verzerrten Gesichtszüge – und vor allem die verbrannten Fingerkuppen. Er war durch einen Stromschlag getötet worden, der sich durch seine Fingerkuppen übertragen hatte. Sein Computer lief noch. Da ich wußte, daß er alles, was er am Computer machte, separat aufzeichnete und speicherte, nahm ich mir die entsprechende Diskette mit. Als ich mit einem Arzt zurückkam, waren schon die Regierungsbeamten im Haus. Weiß der Teufel, woher die so schnell Wind bekommen hatten. Aber vielleicht arbeitete John für sie. Wär gut möglich. Wir wußten wenig über ihn. Nur unsere Leidenschaft für Computer verband uns.«

Bill McLean nahm die Diskette mit nach Hause. Vielleicht, so dachte er, wäre ja eine letzte Nachricht seines Freundes John darauf. Doch der Bildschirm zeigte nur ein ihm unbekanntes Programm und seltsame Computerbefehle, über deren Bedeutung er sich nicht im klaren war.

Bill erklärt sich bereit, John Sendburns letztes Programm auch für uns noch einmal laufen zu lassen. Er legt die Diskette ein und versucht, das Programm zu erklären. Dann klopft er mit dem Finger auf die Mattscheibe: »Sehen Sie hier. Hier ist es passiert. Man sieht deutlich, daß John noch versucht hat einzugreifen. Mit diesen Befehlen wollte er den Computer stoppen. Ich hätte es genauso getan. Er muß verzweifelt gewesen sein. Denn sehen Sie, es nützt nichts.«

Plötzlich huschen unbekannte Zeichen in rasender Geschwindigkeit über den Bildschirm. Bill stößt uns vom Computer zurück. Das Gerät zischt und knistert, und dann entlädt sich prasselnd ein tödlicher Stromstoß. Ein Netz greller Blitze zuckt über die Tastatur. Bill springt mit einem Satz zum Hauptstromschalter und knipst ihn aus. Er ist blaß geworden. Schweißperlen haben sich auf seiner Stirn gebildet. In einem plötzlichen Entschluß trägt er den Computer hinaus. Wütend zerhackt er ihn mit einem Beil und gießt Salzsäure über die Trümmer. Schweigend beobachten wir ihn. Allmählich beruhigt er sich, doch in seinen Augen flackert grenzenlose Angst. Eine Erklärung seines Verhaltens will er uns nicht liefern. Er drängt uns zur Abreise.

Auf unserer Rückfahrt treffen wir im Flugzeug den Manager einer Computerfirma. Wir erzählen ihm unsere Geschichte. Er lacht und hält es für eine gute Story, doch plötzlich wird er ernst: »Ihr Freund hielt es wohl für einen Computer-Virus. Ein Todes-Programm. Das erklärt sein Verhalten. Wissen Sie, ich bin kein Techniker, doch wenn ich sehe, wie schnell sich die Computer weiterentwickeln, wie heute plötzlich Techniken möglich sind, die wir gestern noch für unmöglich hielten, dann ist klar, wie wenig wir eigentlich wissen.«

Bauarbeiter mauerte sich versehentlich ein: tot!

Hier entstand der tote Raum

Nach einem Jahr bemerkte die Familie P., daß mit ihrem neuen Haus etwas nicht stimmte. Man durchbrach eine Wand und fand einen toten Raum – und darin eine Leiche.

Für das plötzliche Verschwinden des Maurers Ernst M. hatten seine Freunde und seine Frau viele Gründe erwogen. Niemand hatte aber daran gedacht, daß Ernst M. vielleicht Hilfe brauchte. Denn er hatte sich versehentlich selbst eingemauert.

Der Bau der 26-Zimmer-Villa des Importeurs Werner P. hatte viel Aufregung verursacht. Immer wieder hatte seine Frau Änderungswünsche. Bereits in der Bauphase wurde nochmals der Grundriß geändert. Neue Räume kamen hinzu, andere wurden weggelassen. Entnervt gab der Architekt auf. Ein neuer wurde gefunden – und wieder alles geändert. Der Fertigstellungstermin rückte näher. Scharen unterschiedlichster Handwerker arbeiteten gleichzeitig in Tag- und Nachtschichten. In diesem Chaos der letzten Tage verschwand der Maurer Ernst M. Niemand hatte Zeit, sich Sorgen zu machen.

Ein Jahr später wurde das Haus neu vermessen. Das Ergebnis: Es mußte einen Raum in der Mitte des Hauses geben, ohne Tür und Fenster. Eine Wand wurde aufgemeißelt. Im Schein einer Taschenlampe entdeckte man darin den toten Maurer. Der Bauherr Werner P. berichtet uns empört: »Ich werde den Architekten verklagen. Wo gibt es denn sowas? Jetzt gibt er meiner Gattin die Schuld, nur weil sie ein paar Änderungen wollte. Es liegt doch wohl eher an seiner eigenen Unfähigkeit.«

Natürlich wurde die Polizei gerufen. Der untersuchende Beamte liefert eine Erklärung dafür, warum sich Ernst P. nicht hatte selbst befreien können: »Unsere Untersuchungen haben ergeben, daß der Maurer in der Nachtschicht eingeschlafen sein muß. Als er erwacht, hat er zwar noch einen der Steine der Innenwand herausbrechen können. Sein Schienbeinbruch aber weist darauf hin, daß er sich dabei in einer Weise verletzte, die es ihm nicht ermöglichte, seine Arbeit fortzusetzen. Wir nehmen an, daß er noch eine Woche gelebt hat. Ich persönlich frage mich, warum er damals nicht von seiner Ehefrau vermißt gemeldet wurde.«

Der Architekt will zuerst ohne seinen Anwalt gar nicht mit uns sprechen. Doch dann poltert er los: »Nennen Sie mich nicht den Architekten dieses Hauses. Diese Frau war die Architektin. Sie war jeden Tag auf dem Bau, befahl den Maurern irgend etwas Unsinniges, und ich mußte hinterher die Pläne entsprechend ändern, die Statik neu berechnen. Und dann der Ärger mit der Baubehörde. Jeden Tag hatte diese Frau neue Ideen, wir kamen mit den Entwürfen gar nicht hinterher.«

Wir besuchen auch Karin, die junge Frau des Maurers, die heute mit einem Kollegen ihres Mannes zusammenlebt: »Ach wissen Sie, ich hab immer gesagt, der Ernst, der hatte ja gar keinen Spaß am Leben. Der war ja auch immer so verschlossen. Ich hab immer gedacht, eines Tages haut der einfach ab – geht Zigaretten holen und kommt nicht wieder.«

Der Abschluß des Baus wurde von den Handwerkern gefeiert. Und während die lebenslustige Frau des Maurers mit den Kollegen tanzte und trank, kämpfte Ernst M. um sein Leben – doch niemand vermißte ihn, und niemand will schuld sein an seinem Tod.

Telefaxe aus der Hölle

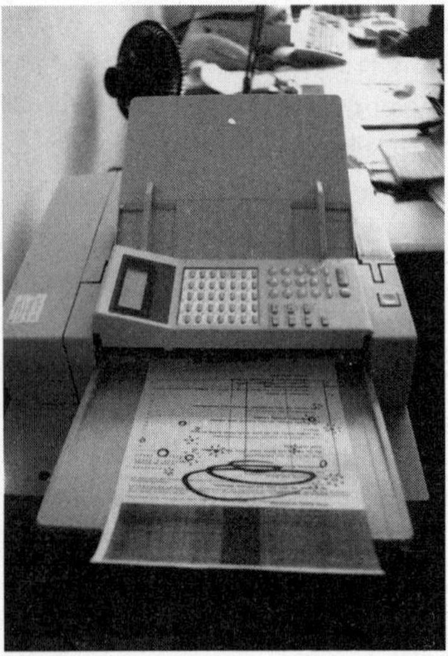

Das mysteriöse Gerät:
Anschluß zur Hölle

Nacht für Nacht erhält eine Hamburger Werbeagentur seltsame Nachrichten über ihr Fax-Gerät. Zuerst warf man die wirren Texte achtlos in den Papierkorb. Doch als die nächtliche Flut nicht aufhörte, begann man sie zu analysieren: Es waren Botschaften aus einer fremden Welt!

Fax-Geräte sind aus einem modernen Büro nicht mehr wegzudenken. Vollautomatisch senden und empfangen sie Tag und Nacht Briefe und Dokumente. Doch wie beim Telefon macht sich die Technik manchmal selbständig, und es kommt zu falschen Verbindungen. Aus einer solchen Fehlschaltung allerdings wurde in einer Hamburger Werbeagentur eine gewinnbringende Verbindung. »Eine Verbindung mit dem Teufel«, behauptet die Chefsekretärin.

»Ich hatte den Auftrag, ein Fax zu einem Kunden nach München zu senden. Ich hatte mich bei der Nummer verwählt. Bevor ich es stoppen konnte, lief das Gerät schon. Und gleich darauf bekam ich eine Antwort, aber nicht aus München. Es war ein Blatt voller Flüche und Beschimpfungen in mehreren Sprachen.«

Die Agentur versucht, die seltsame Verbindung geheimzuhalten und die Chefsekretärin beschwört uns, ihren Namen nicht zu nennen. Denn was dort jede Nacht aus dem Fax-Gerät kommt, hat sich inzwischen als äußerst profitabel herausgestellt. Heute führt der Weg der Grafiker und Werbetexter morgens als erstes an das Fax-Gerät. Die Nachrichten, die sie dort vorfinden, sind zwar immer noch mit gotteslästerlichen Flüchen dekoriert, enthalten aber auch Werbekonzepte, Zeichnungen, Texte für Plakate und Anzeigen. Einer der Grafiker fühlt sich nicht mehr an seine Schweigepflicht gebunden. Er hat gekündigt und berichtet uns:

»Die wissen genau, woran wir gerade arbeiten, welche Aufträge wir haben, und sie schicken uns die Lösung dafür. Das ist sehr seltsam, fast unheimlich. Seit diese Faxe kommen, hat die Agentur einen ungeheuren Aufschwung. Wir brauchen kaum noch zu arbeiten und gewinnen für unsere Plakate und Werbespots laufend Medaillen. Aber es macht mir auch angst.«

Er schweigt einen Moment, und aus seiner Begeisterung wird Nachdenklichkeit. »Natürlich denke ich oft darüber nach, woher diese Botschaften kommen und wieso gerade wir sie erhalten. Manchmal fürchte ich, es ist wie bei Goethes Faust. Irgend jemand hat hier einen Vertrag mit dem Teufel, und irgendwann werden wir es büßen müssen.«

Unter dem Vorwand, eine Reportage über Werbung zu machen, verschaffen wir uns einen Termin bei einem der Geschäftsführer. Als wir ihn auf die Fax-Nachrichten aus der Hölle ansprechen, wird er wütend und wirft uns aus seinem Büro.

Wir fragen bei der Telekom nach und finden einen Techniker, der uns etwas über falsche Verbindungen erzählen kann:

»Wissen Sie, eigentlich ist das ganz alltäglich. Die Technik spielt uns einen Streich. Wodurch das geschieht, wissen wir meist auch nicht. Ich bin Techniker und glaube nicht an Übersinnliches, obwohl ich durch meine Arbeit allen Grund dazu hätte. Mir ist ein Fall bekannt, wo ein Rentner aus dem Süddeutschen immer wieder die klagenden Stimmen Verstorbener am Telefon hörte. Er hat das sogar auf Band aufgenommen. Ich habe es selber gehört. Aber die Überprüfung seines Telefons hat nichts Besonderes ergeben.«

Funktelefone fördern Haarwuchs

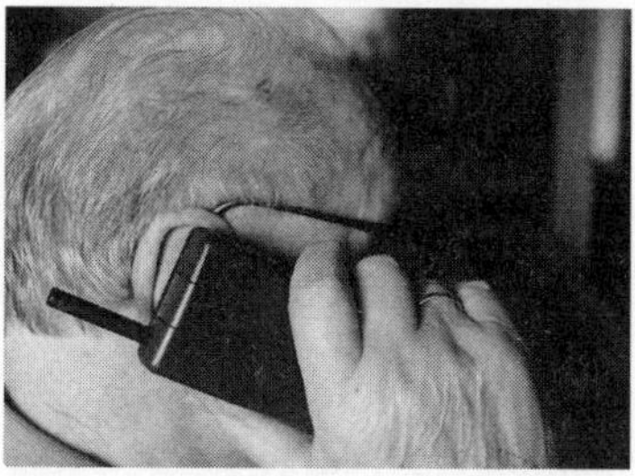

Telefonat oder Haarwuchsbehandlung?

Wir alle sind ständig elektrischen Wellen ausgesetzt. Viele Wissenschaftler warnen vor den noch unbekannten Folgen. Doch jetzt erreichte uns eine verblüffende Nachricht: Die Benutzung von Funktelefonen fördert den Haarwuchs!

Millionen Männer leiden unter Haarausfall. Angebliche Wundermittel überschwemmen den Markt, doch selten halten die Tinkturen und Wässerchen mit den exotischen Namen, was sie versprechen. In einem privaten Forschungslabor in Wiesbaden kam man auf eine vollkommen neue Idee – durch Zufall. Der Leiter des Labors, der Privatgelehrte Professor Lorenz, legte sich Anfang letzten Jahres ein Funktelefon zu. Und das Wunder geschah. Dem stattlichen 50jährigen mit der Halbglatze wuchsen wieder Haare.

»Ich war verblüfft und erfreut und suchte die Ursachen in meinem Lebenswandel: Ich bin seit einigen Jahren Vegetarier. Doch dann hätte der Haarwuchs früher beginnen müssen. Ich beobachtete mich im Alltag, um eine Ursache zu finden – und da stieß ich auf mein neues Funktelefon. Sie wissen ja, es ist ein starker Sender, den man sich dicht an das Ohr preßt. Die Radiowellen gehen notwendigerweise direkt durch den Kopf.«

Professor Lorenz öffnet für uns einen Aktenordner, in dem er seine anfänglichen Selbstversuche festgehalten hat.

»Sehen Sie hier: Vierter Februar: Eine Stunde mit italienischem Kollegen telefoniert. Verspüre starkes Kribbeln auf der Kopfhaut.« Er zeigt uns eine Tabelle, in die er den gemessenen Haarwuchs eingetragen hat. An Tagen, an denen er sein Funktelefon häufig benutzte, gab es regelmäßig einen Wachstumsschub.

Der Professor hat seine Versuche inzwischen ausgeweitet. »Zuerst habe ich mit Kaninchen gearbeitet – sie waren die idealen Versuchstiere. Ich habe ihnen das Fell auf dem Kopf geschoren und ihnen Funktelefone an die langen Ohren gebunden. Heute bin ich weiter. Manager aus Industrie und Wirtschaft haben sich mir zur Verfügung gestellt. Und ich kann sagen, es wirkt. Mein Paradebeispiel ist ein Politiker, dem wächst jetzt sogar ein Bart. Leider darf ich den Namen nicht nennen.«

Der Professor zeigt uns Fotos von telefonierenden Menschen mit kräftigem Haarwuchs. Sie sind für eine Werbebroschüre vorgesehen, denn das Labor ist am Ende seiner finanziellen Möglichkeiten. »Ich brauche Geld, um meine Arbeit weiterzuführen. Meine Telefonkosten sind in der letzten Zeit natürlich unverhältnismäßig in die Höhe gegangen.«

Auf einem Ärztekongreß befragen wir einen englischen Radiologen:

»Natürlich, die Medizin bedient sich der unterschiedlichsten Strahlungen bei der Diagnose und zur Behandlung von Krankheiten. Ultraschall und Röntgenstrahlen kennt jeder. Aber der Körper reagiert auch auf elektrische Wellen in verschiedenen Frequenzbereichen. Im Grunde ist ja der elektrische Stuhl nichts anderes, nur, daß er zum Tod führt. Über die Wirkung von Frequenzen im Bereich der Ultrakurzwelle, um solche handelt es sich bei Funktelefonen, ist wenig bekannt. Aber wir dürfen daraus nicht schließen, daß es sie nicht gibt. Ob Versuche mit Funktelefonen allerdings wissenschaftlich zulässige Versuchsanordnungen sind, möchte ich bezweifeln.«

Eiscafé erfand Fischeis

Lecker: drei Kugeln Lachseis

Das Eiscafé des Neuseeländers Brian Wilcox stand kurz vor der Pleite. Niemand wollte sich an seinem Schokoladen-, Vanille- oder Erdbeereis erfrischen. Da kam er auf eine Idee, die ihn reich machen könnte: Er produziert Eis mit Fischgeschmack!

Der Andrang in der kleinen Eisdiele in der Nähe des Badestrandes des Maori-Beach ist enorm. Es ist heiß in Neuseeland, die Sonne strahlt unbarmherzig und viele Menschen suchen eine leckere Erfrischung. Brian Wilcox steht schwitzend hinter seiner Theke. Pausenlos füllt er Eisbecher, dekoriert sie mit Sahne und Schirmchen, wie jeder sie kennt und liebt. Doch die Kugeln sind seltsam farblos. Und beim ersten Löffelchen, das wir uns auf der Zunge zergehen lassen, blicken wir uns fragend an: Ist es Rotbarsch oder Scholle? Auf jeden Fall ist es Fisch. Eine haarfeine Gräte als Zugabe bestätigt es uns.

Wir müssen lange warten, um mit Brian Wilcox sprechen zu können. Erst am Abend ergibt sich eine ruhige Minute, und er erzählt uns, wie es dazu kam: »Es war nichts los in meinem Eiscafé. Ich bin Schwimmen gegangen, und danach hatte ich Hunger auf eine Kleinigkeit und Durst. Ich beobachtete eine Gruppe, die sich am Strand aus einer mitgebrachten Kühlbox mit Bier erfrischte und dabei einen Fisch grillte, den sie selbst gefangen hatte. Der Duft stieg mir in die Nase und ließ mir das Wasser im Mund zusammenlaufen. Und da kam mir die Idee. Eigentlich logisch. Am Meer will man doch Fisch essen und außerdem etwas Kühles zur Erfrischung trinken. Mit meinem Eis bot ich eben nur die Hälfte dessen, was die Leute am Strand wollten. Warum nicht beides zugleich? Das Pikante und das Erfrischende!«

Brian machte sich sofort daran, seine Idee in die Tat umzusetzen. Er experimentierte mit Haifischfleisch. »Es ist mir gelungen, ein schmackhaftes Eis daraus zu machen. Und ich inserierte in der Zeitung, daß es bei mir Haifischeis gäbe.«

Was zuerst wie ein Werbegag wirkte, fand begeisterte Anhänger. Brian war damit nicht zufrieden. Schon bald erweiterte er sein Angebot. Heute gibt es Thunfischeis als beliebteste Sorte, aber auch Rotbarsch, Zander und Forelle. Ein einziges Fruchteis hält sich im Programm: Zitrone.

»Wissen Sie, Zitrone paßt zu Fisch. Ich stelle es natürlich ohne Zucker her.« Der Neuseeländer ist stolz auf seine Idee und wundert sich, daß er noch keine Nachahmer gefunden hat. Und der findige Mann denkt schon weiter. Er experimentiert mit Gemüsearten. Auf unsere Frage, ob er es auch mit Fleisch probieren will, lächelt er. »Ich wollte es noch geheimhalten. Kommen Sie nächsten Monat wieder. Mein Tip ist der Holzfällerbecher: drei Kugeln Steakeis mit Kroketteneis und Champignoneis.«

Brian Wilcox geht zurück hinter seine Theke. Wir haben inzwischen unsere Eisbecher geleert. Es hat uns gut geschmeckt, und wir lassen uns noch eine Kugel Thunfischeis mit auf den Weg geben.

Nach unserer Rückkehr befragen wir den Manager einer deutschen Eisfirma, ob ihm da nicht ein Geschäft entgehe. Doch es kommt gar nicht zu einem Interview. Wir ernten nur ein höhnisches Lachen und werden aus seinem Büro geschoben. Schade, wir können nur jedem empfehlen, nach Neuseeland zu fahren, wenn er leckeres Fischeis essen will.

Spanierin hat 75 Grad heißen Blick

Brandlöcher durch den heißen Blick

Die 27jährige Carmen aus einem Dorf in der Nähe Madrids gehört sicher zu den schönsten Frauen Spaniens. Daß sie nicht verheiratet ist und sich versteckt, wundert die Dorfbewohner nicht. Denn wer Carmen zu nahe kommt, muß mit Verbrennungen rechnen.

Der spanische Modefotograf Carlos gilt als Entdecker der hübschen Carmen. Er glaubte, in ihr ein Fotomodell gefunden zu haben, das international Karriere machen könnte. Doch den Kontakt mit der scheuen Spanierin hat er teuer bezahlen müssen. Eine seiner wertvollen Kameras wurde zerstört. Er selbst trug Verbrennungen an Gesicht und Händen davon. Wir bitten ihn, eine Begegnung mit Carmen zu vermitteln, doch er schüttelt den Kopf: »Tun Sie es nicht. Ich bin damals auch gewarnt worden und hielt es für Unsinn, daß eine Frau in der Lage sein soll, mit ihrem Blick so viel Hitze zu entwickeln. Ich würde sie selbst gern wiedersehen. Sie ist wunderschön. Gehen Sie nicht zu ihr, diese Frau kann Sie ernsthaft verletzen. Was glauben Sie, warum ihre Mutter blind ist?«

Wir lassen uns nicht abhalten. Am nächsten Tag wappnen wir uns mit tiefschwarzen Sonnenbrillen und gehen zu Carmens Haus. Kinder folgen uns neugierig auf der Dorfstraße. Als wir das Haus erreichen und anklopfen, laufen sie schreiend davon. Eine alte Frau öffnet uns. Ihre Augen blicken uns grau und leblos an. Sie fragt, wer wir seien und führt uns dann zielsicher durch das dunkle Gebäude in einen mit vielen Pflanzen und Blumen bewachsenen Innenhof. Ein kleiner Springbrunnen plätschert. Auf seinem Rand sitzt Carmen und hält eine Hand in das kühle Wasser.

Wäre da nicht der schwarze Schleier über ihrem Gesicht, das Bild einer friedvollen Welt wäre perfekt. Wir wissen nicht, ob Carmen uns ansieht. Wir richten Grüße von dem Fotografen aus. Sie nickt und erkundigt sich, ob es ihm gutgehe. Plötzlich hebt sie den Schleier und sieht uns an. Erschreckt wollen wir uns abwenden.

»Haben Sie keine Angst. Es wird Ihnen nichts geschehen. Was man Ihnen erzählt hat, stimmt nur zum Teil. Es ist wahr, daß ich Sie mit meinem Blick verbrennen könnte, doch meistens kann ich es steuern. Nur wenn ich verliebt bin, wenn ich jemanden liebe, dann geht es von allein.«

Vorsichtig sehen wir sie an. Tränen stehen ihr in den Augen. Sie kann nicht weitersprechen. Die Hand ihrer Mutter legt sich auf ihre Schulter. Schluchzend gesteht Carmen, daß sie sich von Anfang an in Carlos verliebt hatte, und wie sehr sie es bedauere, ihm weh getan zu haben. Ein wenig hilflos versuchen wir sie zu trösten. Doch Carmen schüttelt nur den Kopf. Sie behauptet, niemand könne verstehen, was sie durchmache.

Ihre Mutter bittet uns zu gehen. Doch Carmen erhebt sich, greift hastig nach einem Stück Holz von einer Orangenkiste. Sie konzentriert sich darauf, und wir können es deutlich sehen: Rauchwolken steigen auf, und schließlich hat sie mit ihrem Blick zwei kreisrunde Löcher hineingebrannt.

Auf unserem Rückweg sprechen wir mit einem amtlichen Beauftragten für Brandschutz. Er hat schon von Carmen gehört. »Ich bin in meiner langjährigen Tätigkeit schon oft mit Brandstiftern konfrontiert worden, die kein Feuerzeug oder keine Streichhölzer bei sich hatten. Und trotzdem hatten sie Feuer gelegt. Sehen Sie, jeder Mensch entwickelt die Energie einer 60-Watt-Glühbirne. Das ist wissenschaftlich erwiesen. Und nun versuchen Sie mal, eine brennende Glühbirne anzufassen. Warum sollte es nicht möglich sein, diese Energie für einen kurzen Moment auf einen Punkt zu konzentrieren?«

Arzt heilt Patienten mit Kot

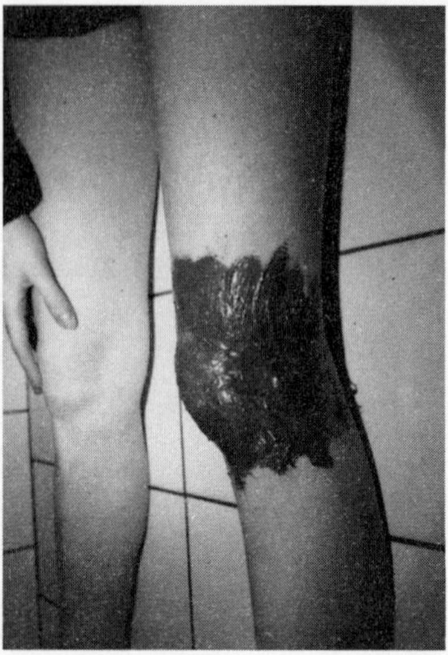

Behandlung einer Sportverletzung mit Kot

Er sei ein Scharlatan und seine Methoden gefährlich, behaupten seine Kollegen. Seine Patienten verehren ihn wie einen Wunderheiler. Der aus Rumänien stammende Arzt Dr. Torinak beruft sich auf den berühmten Mediziner Paracelsus – und behandelt fast alle Gebrechen mit seinem eigenen Kot.

Der kleine Ort in Süddeutschland hat keine Sehenswürdigkeiten. Trotzdem sind das Hotel und der Gasthof ständig ausgebucht. Die Gäste kommen von weit her und sind Patienten von Dr. Torinak. Der vor Jahren aus Rumänien eingewanderte Arzt hat sich hier niedergelassen. Über Krankenscheine lacht er, bei ihm bezahlt man bar.

Auch wir müssen bar bezahlen. Erst dann ist er bereit, seine Methoden zu demonstrieren. Was wir erleben, können wir kaum ertragen. Dr. Torinak behandelt eine Patientin gegen Lähmungserscheinungen in den Beinen. Wir kämpfen gegen unsere Übelkeit, denn der Arzt kotet zum Beweis vor unseren Augen und bestreicht damit die Beine der jungen Frau, dann wäscht er sich die Hände. Während diese ekelerregende Medizin einwirkt, führt uns Dr. Torinak zum Interview an die frische Luft auf seine Terrasse.

»Damals, im kommunistischen Rumänien, hatte ich oft Schwierigkeiten, moderne Arzneimittel zu bekommen. Ich suchte einen Ausweg in den Schriften der großen mittelalterlichen Ärzte. Sehen Sie, Paracelsus behandelte Pestkranke mit zermahlenem Kot. Ich stieß auch in anderen, alten arabischen Schriften auf Behandlungen mit Exkrementen. Natürlich zweifelte ich selbst und ging sehr vorsichtig zu Werke. Aber der Erfolg war überwältigend.«

Dr. Torinak zählt eine endlose Reihe von Krankheiten auf, die er durch das Bestreichen mit Kot geheilt hat. Wir wollen wissen, worauf er die Wirkung zurückführt.

»Es gibt eine ganze Reihe von Arzneimitteln, von denen man weiß, *daß* sie heilen, aber nicht *warum*. Fragen Sie einmal in einem Pharmalabor nach. Sie werden sich wundern. Natürlich nehme ich nicht irgendeinen Kot, sondern nur meinen eigenen. Es geht nur mit diesem. Ich weiß nicht, warum. Oft denke ich, es ist eine Gabe Gottes. Ich bin dankbar dafür. Natürlich kenne ich die Kritik meiner Kollegen. Aber glauben Sie, einer von ihnen hätte es mal für nötig befunden, mit mir zu sprechen?«

Der Arzt wird von einer Assistentin in den weiß gekachelten Behandlungsraum zurückgerufen. Wir warten vor der Praxis auf die junge Patientin. Mit langsamen, mühevollen Schritten kommt sie, geht auf ihren Mann zu, der einen Rollstuhl schiebt. Die Frau verweigert den Rollstuhl und lächelt uns zu. »Es war die dritte Behandlung, und ich kann wieder gehen. Es geht von Mal zu Mal besser. Alle anderen Ärzte haben mir nicht helfen können. Sie konnten mir nicht einmal die Ursache meiner Lähmung sagen. Ich war sogar auf den Philippinen bei einem Wunderheiler, aber erst Dr. Torinak hat mir geholfen. Ich bin so dankbar, wirklich dankbar…« Die junge Frau bricht in Tränen aus. Ihr Mann nimmt sie zärtlich in die Arme.

Im Hotel treffen wir auf weitere begeisterte Patienten. Eine Amerikanerin berichtet, daß Dr. Torinak sie von ihren chronischen Kopfschmerzen geheilt habe: »Er ist großartig, wirklich großartig. Seit sechs Jahren komme ich jedes Jahr einmal her für eine prophylaktische Ganzkörperbehandlung, und ich bin seitdem nie wieder ernstlich krank geworden. Ich sage nur, wer heilt, hat recht. Dieser Mann ist ein Heiliger.«

Wir erstatten dem Professor einer Universitätsklinik Bericht. Er weist uns auf ein Buch über Heilung mit Urin hin, das man überall kaufen kann. »Dieses Buch ist natürlich unsinnig, aber harmlos gegenüber den Methoden, die Sie von diesem rumänischen Arzt berichten. Man muß kein Wissenschaftler sein, um das zu erkennen. Jeder weiß, allein aus hygienischen Gründen sind solche Behandlungen gefährlich. Wissenschaftlich ist das alles nicht haltbar. Mehr noch, es ist ausgemachter Humbug. Der Mann ist ein Skandal. Einem solchen Arzt muß das Handwerk gelegt werden – und zwar schnell.«

Todesstarre durch TV-Rateshow

TV-Rateshow: harmlos oder gefährlich?

Wissenschaftler warnen vor zuviel Fernsehen. Für eine 22jährige Friseurin wäre es fast tödlich ausgegangen. In letzter Minute wurde sie gerettet. Das Fernsehprogramm hatte sie in Trance versetzt.

Fünf Tage lang erschien Tanja D. aus Berlin nicht zur Arbeit. Sie öffnete weder auf Klingeln noch auf heftiges Klopfen ihre Wohnungstür. Anfangs dachte man, sie sei bei ihrem Freund. Am siebten Tag aber brachen die Nachbarn die Tür auf. Tanja saß abgemagert auf dem Sofa, ihre Augen starr auf den flimmernden Fernseher gerichtet. Sie antwortete nicht auf Fragen und konnte sich nicht bewegen. Erst als eine Nachbarin geistesgegenwärtig den Fernseher abstellte, regte sich Tanja. Langsam erwachte sie, wie aus einem hypnotischen Tiefschlaf.

Der Hausarzt wurde aus seiner Praxis im Nachbarhaus geholt. Er wundert sich nicht: »Mir ist vollkommen klar, was hier geschehen ist. Ich kenne Tanja schon lange. Vor zwei Jahren habe ich ihr in wenigen Sitzungen per Hypnose das Rauchen abgewöhnt. Tanja ist ein hervorragendes Medium. Sie ist sehr sensibel. Sie reagiert auf den kleinsten hypnotischen Befehl. Solche Menschen fallen oft vor dem Fernseher in eine Art Trance-Zustand. Aber das geht vielen so. Fast jeder kann das ab und zu an sich selbst beobachten. Meist gelingt es, sich selber davon zu befreien.«

Tanja weiß nicht, daß sie sieben Tage lang vor dem Fernseher saß. Sie erinnert sich nur daran, daß sie eine Rateshow eingeschaltet hatte. Für das hübsche, schlanke Mädchen mit dem lustigen Lockenkopf hätte die Trance vor dem Fernseher den Tod bedeuten können. Doch jetzt weiß sie, in welcher Gefahr sie schwebt. Mehrmals wiederholte sich seitdem diese hypnotische Lähmung. Zum Glück war immer jemand bei ihr und konnte den Fernseher ausschalten. Sie erzählt uns, wie schwierig ihr Leben geworden sei: »Wissen Sie, überall laufen Fernseher, wohin ich auch komme. Neulich bin ich mit meinem Freund abends spazieren gegangen. Wir kamen an einem Fernsehgeschäft vorbei. Mein Freund wollte ins Schaufenster sehen, wegen einer Stereo-Anlage, aber da lief auch ein Fernsehgerät. Ich sah auf den Bildschirm und war sofort völlig weg – wie hypnotisiert.«

Der Hausarzt weist uns auf einen amerikanischen Wissenschaftler hin. Er hat ähnliche Fälle untersucht. Das Telefongespräch mit ihm ist eine deutliche Warnung:

»Ich stelle gerade eine Reihe von Untersuchungen unter Laborbedingungen an. Die Probanden werden beim Fernsehen an verschiedene Geräte angeschlossen. So messe ich Pulsfrequenz, Blutdruck, Gehirnströme und so weiter. Die Experimente sind noch nicht abgeschlossen, aber ich kann jetzt schon sagen: Bei bestimmten Sendungen lassen sich kaum noch Gehirnströme messen. Ich kenne die Ursachen noch nicht. Vielleicht liegt es am Programm, vielleicht auch an dem elektronischen Bildaufbau oder an Strahlungen des Bildschirms. Wir werden sehen.«

Tanja D. ist jetzt mit ihrem Freund in eine gemeinsame Wohnung gezogen. Es ist sicherer für sie. Ihre Fernsehgeräte haben beide abgeschafft.

Amerikaner kann nicht aufhören zu tanzen

Discothek: Gefahr durch Techno-Musik?

Ein Wochenende ohne Disco ist für viele Jugendliche unvorstellbar. Der farbige Michael D. aus New York aber warnt davor. Denn aus einem harmlosen Disco-Besuch wurde für den Amerikaner die Hölle. Er kann nicht mehr aufhören zu tanzen.

Wie immer wollten die Freunde um Michael D. am Freitag in die Discothek. Ihren Alltagsärger und ihre Sorgen konnten sie hier am besten abschütteln. Meist blieben sie die ganze Nacht und tanzten bis zur Erschöpfung nach den schnellen, harten und stampfenden Rhythmen der sogenannten Techno-Musik. Im Morgengrauen wankten sie dann nach Hause zurück. Doch an diesem Freitag sollte alles ganz anders werden.

Die Gruppe traf sich gegen Mitternacht bei Michael. Die Freundin erinnert sich: »Mann, wir waren gut drauf. Michael hatte wieder seinen kleinen Drogencocktail gemixt. Michael hat echt Ahnung. Er mixt das Zeug in seiner Küche. Echt gut, Mann, viel besser als das Designerzeug, was in der Disco verkauft wird. Da weißt du nie, was du kriegst. Da steh ich nicht drauf. Wie gesagt, Mann, wir hatten unseren Spaß, und gleich als wir ankamen, stürzte Michael auf die Tanzfläche. Er flippte richtig aus. Wir lachten. Er war irre komisch. Aber nach einiger Zeit dachte ich: Mit dem stimmt was nicht. Mann, der konnte nicht mehr aufhören zu tanzen.« Auch seine Freunde versuchten, ihn wieder von der Tanzfläche zu holen. Michael hörte nicht auf sie. Er war wie in Trance. Er tanzte ununterbrochen.

»Mann, ich fand das echt nicht gut. Ich schrie ihn an und schüttelte ihn. Die anderen waren schon gegangen. Ich wollte auch nach Hause«, berichtet seine Freundin. »Ich zog ihn schließlich ins Freie. Es war echt blöd, der Typ tanzte auf der Straße weiter. Er konnte nicht aufhören, obwohl er es wollte. Mann, es war peinlich, so ein Typ, der da vor dir rumhampelt. Ich bin einfach abgehauen. Okay, das war natürlich dumm. Aber ich kann ihn auch heute noch nicht sehen. Mann, der macht mich ganz nervös. Ich kann das nicht ab.«

Obwohl wir auf Michaels Anblick vorbereitet sind, erschrekken wir. Seine Mutter führt uns in das Zimmer des 20jährigen, das er seit jener Nacht nicht mehr verlassen hat. Michael steht vor uns, seine Glieder zucken. Seine Hände fahren in einem unbekannten Rhythmus durch die Luft, sein Körper wiegt sich hin und her, seine Füße stampfen abwechselnd auf den Boden. Er tanzt auf der Stelle, obwohl keine Musik zu hören ist.

Atemlos und stotternd erzählt er: »Ich kann nicht anders. Es tut mir leid. Ich will ja aufhören. Oh, wenn ich es doch bloß könnte. O Gott, was ist mit mir geschehen? Kann mir denn keiner helfen?«

Der junge Mann zuckt mit den Schultern, seine Arme verrenken sich, als würde er nach dem neuesten Hit tanzen, aber es ist vollkommen still. Wir fragen ihn, ob er vielleicht eine Musik hörte? »Nein, nein, keine Musik. Wenn meine Mutter das Radio anstellt, wird alles noch viel schlimmer.«

Michael D. bietet ein bedauernswertes Bild. Auch uns fällt es schwer, diesen unaufhörlich tanzenden Mann zu ertragen. Als wir gehen, kommt der Hausarzt die Treppe herauf. Er kennt Michael schon als kleinen Jungen. Der alte Mann ist ratlos, aber er hat auch eine verblüffende Idee.

»Es sind die Symptome einer Nervenkrankheit. Ich müßte ihn eigentlich in eine Anstalt einweisen, doch Michael ist nicht geisteskrank. Ich kann verstehen, daß er sich dagegen wehrt. Ich habe ihm Beruhigungsmittel gegeben, es hat nichts genützt. Ich bin dann selbst einmal in diese Disco gegangen. Es ist unerträglich. Es ist eine Gefahr. Ich habe gesehen, wie viele dort in eine Art Trance fallen. Ich probiere jetzt eine ganz ungewöhnliche Therapie. Ich habe die Musik dort mit einem Bandgerät aufgenommen und spiele sie vor Michael rückwärts ab. Manchmal bleibt er dann ganz abrupt still stehen. Aber nur für ein paar Sekunden. Doch da scheint irgendein Weg zu sein.«

Der alte Arzt packt sein Tonbandgerät aus. Wir verlassen das Haus. Es ist inzwischen dunkel geworden, und aus einer Bar dröhnt Discomusik.

Außerirdischer lebt in deutschem Gefängnis

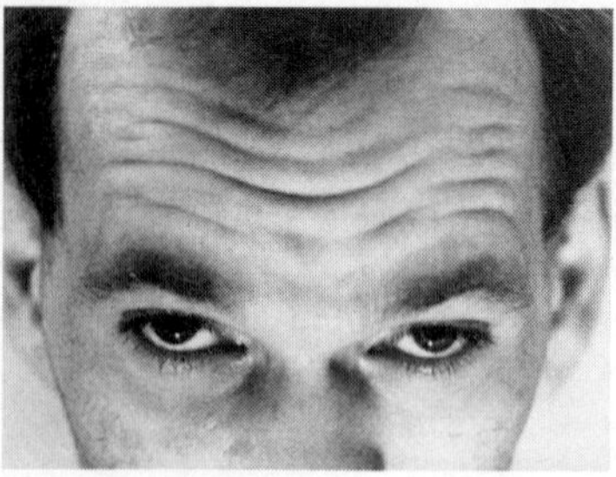

Die Augen des Außeridischen

Niemand weiß, wer der Mann wirklich ist. Er sitzt in einem deutschen Gefängnis. Doch die Umstände sind seltsam. Vieles deutet daraufhin, daß es stimmt, was er selbst behauptet: »Ich bin ein Außerirdischer!«

Nichts unterscheidet den etwa 30jährigen von einem normalen Menschen. Doch seine Herkunft liegt im dunkeln. Die Behörden haben ihm einen Namen gegeben. Er selbst möchte von uns Raul genannt werden. Dieser Laut käme seinem wirklichen Namen nahe, behauptet er. Als er gefunden wurde, war er nackt und konnte nicht sprechen. Der Bauer aus dem Württembergischen, der ihn nachts in seinem Obstgarten fand, hat dies lange Zeit verschwiegen. Als wir ihn mit den Aussagen von Raul konfrontieren, berichtet er zum ersten Mal die Wahrheit.

»Ich wachte nachts auf. Draußen war es taghell, und es war so ein Schwirren in der Luft. Ich ging ans Fenster, und da schwebte ein leuchtendes Ding über meinem Gemüsegarten. Ich ging raus, da verschwand es rasend schnell in den Himmel, bis es so klein war wie ein Stern. Ich ging zu der Stelle, wo es geschwebt hatte, da lag ein nackter Mann. Er konnte nicht sprechen. Ich brachte ihn ins Haus, gab ihm was zum Anziehen. Aber er lief immer wieder nackt herum. Es dauerte lange, bis er sich an Kleidung gewöhnte. Ich behielt ihn bei mir. Er arbeitete auf dem Hof und allmählich lernte er sprechen. Ich habe das bisher niemandem gesagt, weil mir ja doch niemand geglaubt hätte. Im Dorf habe ich einfach behauptet, er sei ein Landstreicher gewesen.«

Raul kann uns erklären, warum er auf der Erde abgesetzt wurde: »Die Erde wird von uns als Strafkolonie benutzt. Alle, die hier von uns ausgesetzt werden, haben etwas verbrochen. Die meisten sind Meuterer, wie ich. Niemand von uns arbeitet freiwillig auf einem Raumschiff. Wir werden dazu gezwungen. Denn es ist harte Arbeit. Unsere Raumschiffe haben eine primitive Technik, viel primitiver als bei der amerikanischen Raumfahrt. Der Antrieb der Raumschiffe ist ein Kristall, komprimierte Energie. Die Kristalle werden bei uns im Bergbau gewonnen. Ich hatte so ein kleines Stück Kristall mitgebracht und bei dem Bauern in den Ofen der Ölheizung geworfen. Es müßte immer noch glühen.«

Der Bauer will nichts von einem Kristall wissen. Aber er weigert sich, uns seine Ölheizung zu zeigen. Er beginnt, auf Raul zu schimpfen. »Er ist ja damals einfach abgehauen und hat mir Geld gestohlen. Dieser undankbare Kerl. Und ich habe ihn aufgenommen wie einen verlorenen Sohn.«

Als wir das Bauernhaus verlassen, sehen wir am Schornstein, daß die Heizung in Betrieb ist, obwohl es mitten im Sommer ist. Wir fragen bei den umliegenden Heizölhändlern nach. Der Bauer hat zum letzten Mal vor drei Jahren Öl bestellt. Es war das Jahr, in dem Raul zur Erde fiel. Der Händler wundert sich auch. Er zeigt uns die Kundenkarte und schüttelt den Kopf. Der Bauer dürfte schon seit zwei Jahren keinen Tropfen Öl mehr haben.

Raul sitzt weiter im Gefängnis. Er wurde verurteilt, weil er mehrmals in einem Supermarkt Lebensmittel gestohlen hatte und nackt durch eine Stadt spazierte. In einigen Monaten wird er entlassen. Papiere bekommt er nicht. Er gehört dann zu dem Heer der Staatenlosen. Die meisten von ihnen seien Außerirdische, behauptet Raul.

Ein belgischer Ufologe, der all solche Vorfälle sammelt, ist wenig erstaunt: »Ich habe 19 Berichte in meinem Archiv, die mit diesem Fall identisch sind. Es gibt mit Sicherheit viele Außerirdische auf der Erde – und natürlich geraten sie immer mit unseren Gesetzen in Konflikt – und natürlich sind sie staatenlos. Wie sollten sie auch an Identitätspapiere kommen? Sie können ja ihren Geburtsort nicht nachweisen. Das ist vollkommen logisch.«

Sachse hatte Atombombe in der Garage

Olafs Garage: beinahe das Zentrum einer Atomexplosion

Olaf D. aus Sachsen sammelt alles, was mit dem Militär zusammenhängt. Als der Kommunismus zusammenbrach, kaufte er von einem russischen Soldaten eine Granate – so glaubte er. Jetzt denkt er mit Schaudern daran, daß er sie über ein Jahr in seiner Garage aufbewahrt hatte. Denn es war eine Atombombe!

Der 40jährige Sachse empfängt uns in einer russischen Generalsuniform. Er lacht über unsere erstaunten Gesichter. Die Uniform hat er billig auf einem Flohmarkt gekauft. Er führt uns in sein Wohnzimmer. An den Wänden hängen Bilder von Jagdflugzeugen und Panzern. In einer Vitrine hat er eine Ordenssammlung. Er bittet uns, Platz zu nehmen, und wir zwängen uns in ausgebaute Schleudersitze. Sie stammen aus einer russischen MIG. Er beruhigt uns, die Schleuderautomatik sei ausgebaut. Begeistert erzählt er, wie einfach es sei, diese Teile zu bekommen.

»Als die Wende kam, gab es keine Disziplin mehr in der Russischen Armee. Die Soldaten haben dir alles verkauft, was du wolltest. Man konnte richtig Bestellungen aufgeben. Einmal wurde mir für 1000 Mark ein Panzer angeboten. Aber wo soll ich den hinstellen?«

Olaf D. öffnet einen Schrank und holt ein kleines Gerät mit

einem Bildschirm heraus. Stolz stellt er es auf den Tisch: »Wissen Sie, was das ist? Das ist eine Zielautomatik aus einer Flugabwehrkanone. Dafür hätte mir der amerikanische Geheimdienst vor Jahren noch 100000 Mark bezahlt. Aber heute kaufen die sowas auch für fünf Mark auf dem Flohmarkt.«

Wir wollen wissen, ob er Waffen habe. Er grinst und behauptet, offiziell hätte er natürlich keine. Es sei ja verboten. Dann erzählt er uns die Geschichte der Granate. Viele Soldaten hätten gewußt, daß er Sammler sei und seien zu ihm nach Hause gekommen und hätten ihm Angebote gemacht. Eines Tages sei ein Russe mit einem kleinen Handwagen vor seiner Tür gestanden, darin sei die Granate in einer Wolldecke eingewickelt gelegen.

»Ich wollte das Ding eigentlich gar nicht haben. Aber der Russe ist einfach nicht wieder gegangen. Schließlich habe ich ihm 50 Mark gegeben und die Granate in meine Garage geschafft. Obwohl die schon ziemlich voll war. Ich habe da nämlich meinen Trabbi drin und einen russischen Jeep. Diese Granate war mir unheimlich, denn eine solche Bauart kannte ich nicht. Ich hab sie dann schon wieder vergessen gehabt. Eines Nachts klingelt es. Russische Militärpolizei steht vor der Tür und Zivilisten, das waren auch Russen. Großes Aufgebot. Die zeigen mir ein Foto von der Granate, und ich führe sie gleich zur Garage. Ich habe nur ein bißchen Russisch in der Schule gelernt. Aber das hat genügt. Ich habe genau verstanden, was die geredet haben. Das Ding in meiner Garage war eine Granate mit Atomsprengkopf. Sie hätten mal sehen sollen, wie vorsichtig die das Ding abtransportiert haben. Wie ein rohes Ei.«

Olaf D. ist froh, daß er aus der Granate keinen Papierkorb gemacht hat , wie er es ursprünglich vorhatte. Und er ist froh, daß die Militärpolizei nicht sein ganzes Haus durchsucht hat. Wahrscheinlich wäre er die meisten seiner Sammelobjekte losgeworden. »Die waren nur scharf auf die Bombe. Nach zehn Minuten war der Spuk vorbei.«

Wir fragen einen Bekannten, der beim Militärischen Abschirmdienst arbeitet. Er will zu unserer Geschichte nichts sagen. Er streitet sogar plötzlich ab, daß er für den MAD tätig sei.

Doch nach einer Weile schüttelt er den Kopf: »Ich weiß, daß da allerlei gelaufen ist. Die Russen hatten die Sache nicht mehr im Griff. Wir haben ja selbst bei denen eingekauft, ohne daß die wußten, wer wir sind. Daß da auch Atomwaffen auf dem Markt waren, stand ja in der Zeitung. Allerdings soll sich das nicht bestätigt haben. Aber wer weiß?«

Japaner klebte sich Finger wieder an

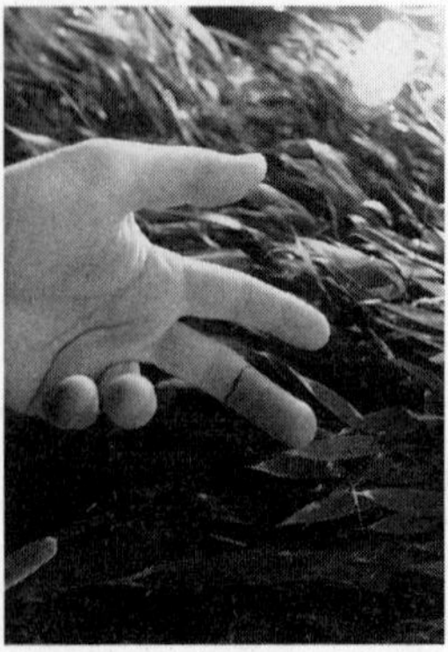

Der angeklebte Finger: Narbe und Hautverfärbung blieben

Die Werbung für die modernen Sekundenkleber verspricht wahre Wunder. In seiner größten Not erinnerte sich der Japaner Kazou I. daran. Er nahm den Klebstoff und klebte sich damit seinen abgeschnittenen Finger wieder an.

Das Unglück geschah weitab von jedem Krankenhaus. Der Japaner Kazou I. lebt mit seiner Frau auf dem Land. An einem Nachmittag war er nach draußen gegangen, um Holz zu hacken. Er hatte schon eine Stunde lang gearbeitet, als er plötzlich abgelenkt wurde. Ein Vogel war mit lautem Schrei über ihn hinweggeflogen. Diese Sekunde der Unachtsamkeit genügte. Das Beil sauste nieder, und ein Glied seines Mittelfingers war abgetrennt.

»Es war seltsam. Ich hatte gar keine Schmerzen. Ich suchte den abgehackten Finger und fand ihn zwischen den Hölzern. Er war ganz glatt durchtrennt worden. Ich dachte sofort an den Sekundenkleber, den ich immer im Kühlschrank aufbewahre. Ich habe damit einmal für meine Frau eine zerbrochene Teeschale wieder zusammengeklebt.«

Was nun geschah, läßt Fachleute den Kopf schütteln. Ärzte allerdings meinen, er habe sich teilweise richtig verhalten. Wahrscheinlich hätte man ihm in einem Krankenhaus den Finger wieder annähen können. Doch das nächste Krankenhaus war drei Stunden entfernt. Zu weit, zumal Kazou kein Auto hat.

Der Japaner rannte ins Haus. Seine Frau war gerade dabei, das Abendessen vorzubereiten: »Er kam herein und sagte keinen Ton. Seine ganze Hand war voll Blut. Ich fragte ihn immer wieder, was denn los sei. Aber er antwortete mir nicht. Er band sich mit einem Seidenfaden den Finger ab. Ich konnte gar nicht zusehen. Mir wurde übel. Ich dachte, es wäre besser, Hilfe zu holen. In der Nachbarschaft wohnt ein alter Mann. Er kennt sich aus mit Verletzungen. Aber er wohnt auch 20 Minuten entfernt.«

Kazou I. wartete nicht auf Hilfe. Mit dem Seidenfaden um den Finger stoppte er die Blutung und tupfte die Wunde mit einem Tuch, bis sie trocken war.

»Ich hatte auf der Packung des Sekundenklebers gelesen, daß er nicht auf die Haut kommen darf, weil diese dann auch unlösbar zusammenklebte. Und ich dachte, dann müßte es auch möglich sein, eine Wunde zu kleben. Ich tröpfelte den Klebstoff auf den Knochenrand und auf das Fleisch. Dann setzte ich den abgeschnittenen Finger einfach wieder drauf. Er hielt. Jede Stunde habe ich dann die Abschnürung mehr gelockert, damit der Finger wieder durchblutet wurde.«

Als seine Frau mit dem alten Mann kam, war der Finger wieder dran. Der alte Mann machte ihm noch einen Verband mit Heilkräutern. Erst Tage später hatte Kazou die Möglichkeit, zu einem Arzt zu fahren. Dieser wollte nicht glauben, daß der Finger vollständig abgetrennt gewesen sei.

Heute, nach neun Monaten, ist er wieder fest angewachsen. Nur eine Narbe rundum zeugt noch von dem schrecklichen Unfall. Allerdings hat Kazou I. kein Gefühl mehr in dem abgeschnittenen Teil des Fingers.

Wir besuchen den japanischen Hersteller des Sekundenklebers. Dem Leiter der Presseabteilung erzählen wir die Geschichte von Kazou I.

»Ich glaube, dieser Mann hat sehr viel Glück gehabt. Natürlich kann unser Sekundenkleber wirklich alles kleben. Er ist in seinen Eigenschaften den Konkurrenzprodukten weit überlegen. Ich möchte vor einer solchen Anwendung jedoch warnen. Verletzungen gehören in die Hände eines Arztes. Es ist sehr gefährlich, was dieser Mann gemacht hat. Der Finger hätte ihm eigentlich abfaulen müssen. Als Werbung würden wir einen solchen Vorfall deshalb nicht verwenden – obwohl er uns schmeichelt.«

Als wir das Büro verlassen, fällt uns etwas auf. Dem Pressechef fehlt ein Glied des linken Mittelfingers.

Daumensterben unter Brasiliens Holzfällern

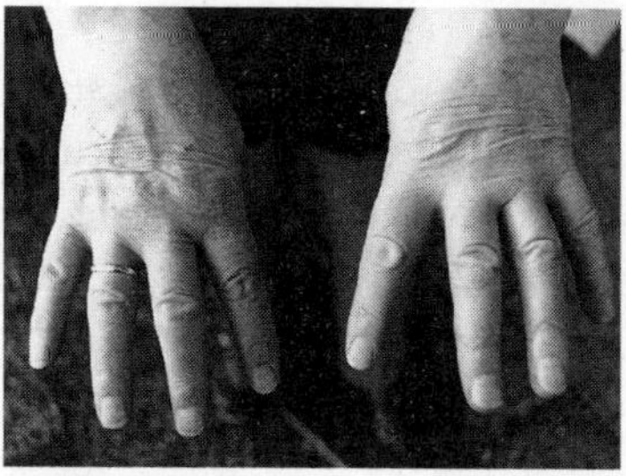

Doppelte Tragödie: der Wald verschwindet und mit ihm die Daumen

Schlägt die Natur auf besonders grausame Weise zurück? Viele brasilianische Waldarbeiter sind davon überzeugt. Noch schweigen die offiziellen Stellen. Doch für eine Reihe von Holzfällern ist es bittere Wahrheit: Ihnen fallen die Daumen ab!

Stunde für Stunde, Tag für Tag wird auf der ganzen Welt der Urwald gerodet. Wissenschaftler befürchten eine Klimakatastrophe, denn die Bäume des Regenwaldes sind die grüne Lunge der Erde. Schon sind auch bei uns erste Anzeichen zu spüren. Doch jetzt erreichte uns eine Meldung, die Schlimmeres befürchten läßt. Die Bäume wehren sich. Sie greifen ihre Peiniger an. Wie das geschehen kann, weiß man nicht, aber es geschieht.

Pedro Cavallo ist einer der Betroffenen. Verzweifelt streckt er uns seine Hände entgegen. Mit Entsetzen sehen wir, daß ihm beide Daumen fehlen. »Sehen Sie genau hin. Ich bin arbeitslos. Ein Holzfäller ohne Daumen ist kein Holzfäller mehr. Wie soll ich ein Beil oder eine Säge halten? Und wie soll ich jetzt meine Familie ernähren? Ich habe drei kleine Kinder. Für euch Europäer habe ich doch die Bäume gefällt. Aber euch fallen ja zur Strafe nicht die Daumen ab.«

Pedro glaubt fest daran, daß es die Rache der Bäume sei. Andere Arbeiter, mit denen wir sprechen, sind ebenfalls davon überzeugt. Vielen fehlt ein Daumen, manchen auch alle beide. Es ist ein offenes Geheimnis, daß von diesem Daumensterben nur Waldarbeiter betroffen sind.

Pedro erzählt, wie er seine Daumen verlor: »Wir hatten den ganzen Tag gearbeitet. Es wurden nur besondere Bäume gefällt, solche, die nach Europa geschickt werden. Abends hatte ich im linken Daumen so ein taubes Gefühl. Am nächsten Tag verfärbte er sich dunkel. Ich bin nicht zum Arzt gegangen, denn während der Zeit verdiene ich nichts, und der Arzt ist teuer. Es tat auch nicht weh. Nach einer Woche wollte ich mich dann doch behandeln lassen. Aber auf dem Weg zum Arzt fiel der Daumen einfach ab. Eine Woche später begann das gleiche mit dem rechten Daumen.«

Andere Arbeiter erzählen uns ähnliche Geschichten. Innerhalb von sieben bis acht Tagen fielen ihnen die Daumen ab. Und fast alle wurden entlassen. Eine neue Arbeit fanden sie nicht.

Wir wollen mit einem Vorarbeiter sprechen, aber er schimpft nur auf seine Arbeiter, sagt, daß sie lieber zu einem Medizinmann gingen statt zu einem Arzt. Sie seien selbst schuld, er könne Arbeiter ohne Daumen nicht gebrauchen. Fluchend entfernt er sich.

In der Hauptstadt Brasilia sprechen wir bei der zuständigen Behörde vor. Ein Mitarbeiter lacht uns aus und will offiziell nicht Stellung nehmen. Als wir ihn abends in einer Bar wiedertreffen, nimmt er uns zur Seite, sieht sich scheu um, und dann lauschen wir seinem hastigen Geständnis:

»Natürlich weiß ich von diesen Fällen. Aber was glauben Sie, was geschieht, wenn wir das zugeben? Der Abbau der Wälder ist ein wichtiger Wirtschaftsfaktor für uns. Wir brauchen das Geld aus Europa und den USA. Man macht uns schon genug Schwierigkeiten. Wir werden moralisch verurteilt. Dabei haben wir keine Wahl. Wenn jetzt die Geschichte mit den Daumen der Waldarbeiter veröffentlicht wird, wird die Empörung der reichen Länder noch größer. Aber unser Holz wollen sie haben!«

Während wir am Flughafen auf unsere Maschine warten, sehen wir einem alten Schuhputzer zu. Er hat nur einen Daumen. Wir fragen ihn, ob er früher Holzfäller gewesen sei. Er nickt stumm.

Feinschmecker essen Hundekäse

Milchhund Sam interessiert sich nicht für seinen eigenen Käse

Kaviar und Austern genügen ihnen schon lange nicht mehr. Feinschmecker suchen nach immer ausgefalleneren Spezialitäten. Französische Gourmets produzieren jetzt Hundekäse. Ihre Gegner behaupten: Das ist Tierquälerei.

Die Adresse des kleinen Bauernhofes im Elsaß ist weltweit ein Geheimtip. Fast jeden Tag fahren Luxuslimousinen mit deutschen, italienischen oder französischen Kennzeichen vor. Die reichen Feinschmecker kommen von weit her, um bei der Bäuerin Marie D. einzukaufen.

Vor sechs Jahren hat Marie die herkömmliche Landwirtschaft aufgegeben und ihre Kühe verkauft. In ihrem Stall hält sie jetzt eine Herde Hunde. Es sind Milchhunde. Täglich werden sie gemolken. Und die Milch wird – nach Hunderassen getrennt – zu Käse verarbeitet. Die Anregung dazu, so erzählt sie, kam aus Deutschland. »Ich brauchte natürlich einige Zeit, bis die Hündinnen genug Milch gaben. Und ich mußte mir eine spezielle Melkanlage bauen lassen. Der Besitzer eines Feinschmecker-Restaurants in Deutschland hat das am Anfang finanziert. Er brauchte dringend etwas Neues für einen geheimen Feinschmekkerzirkel, der sich einmal im Monat nachts bei ihm trifft. Aber die Mühe hat sich gelohnt. Jetzt bekomme ich sogar Bestellungen aus Neuseeland.«

Den Namen des deutschen Gourmets will Marie D. nicht verraten. Sie behauptet, in seinem Restaurant würden noch ganz andere seltsame Dinge gegessen. Dagegen sei Hundekäse geradezu normal. Sie serviert uns einen Teller mit kleinen Proben. Es ist Frischkäse Deutscher Schäferhund und mittelalter Golden Retriver. Die Preise für 100 Gramm schwanken je nach Rasse zwischen 25 und 78 Mark. Dankend lehnen wir ab und kommen auf die Proteste gegen die Züchtung von Milchhunden zu sprechen. Die Bäuerin lacht. »Die Hunde haben es bei mir wirklich gut. Sie haben ihren Auslauf, eine große Weide, und fast täglich mache ich ausgedehnte Waldspaziergänge mit ihnen. Einem Hund, der in einer Etagenwohnung in der Stadt lebt, geht es viel schlechter, und er kann keine Milch geben. Ich nehme diese Proteste nicht ernst. Diese Leute sollten einmal hierherkommen und den Käse probieren, das würde sie überzeugen. Es ist wirklich ein einmaliger Genuß.«

Im nahen Dorf finden wir einige junge Bauern, die sich gegen Marie D. zusammengeschlossen haben. Einer von ihnen sagt, was viele denken: »Das ist Tierquälerei. Es ist doch nicht normal, daß ein Hund gemolken wird. Wir verdienen kaum genug zum Leben, weil uns das Landwirtschaftsministerium die Preise vorschreibt, und die Madame auf ihrem kleinen Hof verdient sich eine goldene Nase mit dem Hundekäse. Aber die hohen Herren in Paris gehören ja wohl auch alle zu ihren Kunden. Normal ist das nicht.«

In Frankfurt verabreden wir uns mit einem prominenten Restaurant-Kritiker. Aber er ist nur bereit, etwas zu sagen, wenn wir seinen Namen aus dem Spiel lassen.

»Ich kenne den Fromage de Chien sehr gut. Natürlich ist er, wie viele Spezialitäten, eine seltene Kostbarkeit. Und es gibt leider immer Menschen mit einem ordinären Geschmack, die das nicht zu würdigen wissen. Ich war vor kurzem auf einem italienischen Schloß eingeladen. Am Schluß eines köstlichen Mahles wurde Hundekäse auf kleinen Silbertabletts serviert. Es war eine Frischkäsesymphonie vom Königspudel. Ein unbeschreiblicher, deliziöser Geschmack. Eine wahrhafte Krönung der Genüsse.

Ich denke, man tut gut daran, nicht darüber zu sprechen. Denn der Fromage de Chien sollte wahren Gourmets vorbehalten bleiben.«

Alle Hundertmarkscheine sind falsch

Nur vom Fachmann zu erkennen: falscher Hunderter (unten)

Der russische Geheimdienst druckte deutsches Geld. Dies ist ein offenes Geheimnis aus den Zeiten des Kalten Krieges. Doch jetzt offenbarte ein KGB-Offizier das wahre Ausmaß. Er behauptet, alle deutschen Hundertmarkscheine seien falsch – und die Behörden wüßten das!

Die deutsche Wirtschaft sollte geschwächt werden. Dies war das Ziel der Falschgeldaktion des russischen Geheimdienstes. Tag und Nacht wurden deutsche Hundertmarkscheine gedruckt und über die Grenze geschleust. Iwan D. lebt heute in Ungarn, er war der Chef dieser geheimen Aktion. Als das Sowjetreich auseinanderbrach, verließ er den KGB und sein Land. Von dem Falschgeld hat er sich in der Nähe von Budapest eine Villa gebaut. Jetzt bricht er sein Schweigen.

»Wir haben Milliarden von Hundertmarkscheinen gedruckt. Unser Ziel war es, sie in Deutschland gegen echte einzutauschen. Unsere Scheine waren nur von Fachleuten von echten zu unterscheiden. Und selbst die hatten Schwierigkeiten. Als alle Scheine unter die Leute gebracht waren, sollte dann mit der Veröffentlichung, daß es falsche seien, die westdeutsche Wirtschaft zum Zusammenbruch gebracht werden. Die Idee stammte übrigens von einem damals hohen DDR-Politiker.«

Iwan D. führt uns in den Keller seiner Villa. Dort öffnet er einen Panzerschrank und zeigt uns einige der nicht zerstörten Druckplatten. Dann legt er einen darauf gedruckten Hundertmarkschein auf einen Leuchttisch. Wir haben einen zweiten Hundertmarkschein von der Bank geholt und legen ihn daneben. Beide Scheine sind vollkommen identisch. Beide sind also falsch. Iwan D. erklärt, warum das so ist: »Nachdem wir alles Geld verteilt hatten, kam es zu merkwürdigen Reaktionen: Da unsere Scheine in der Überzahl waren, wurden die echten Scheine bei den Banken immer wieder als Falschgeld aussortiert. Und dann gelang dem deutschen Geheimdienst ein bewundernswerter Trick. Er ließ die echten Scheine als falsche aus dem Verkehr ziehen. Und die Bundesdruckerei wurde davon überzeugt, unsere falschen Scheine nachzudrucken.«

Iwan D. behauptet, daß noch heute die meisten Hundertmarkscheine aus der russischen Druckerei stammten. Doch der Untergang des kommunistischen Systems verhinderte den ursprünglichen Plan. »Wenn wir damals sehr schnell reagiert hätten, wäre es vielleicht noch gelungen. Doch unsere politische Führung verhinderte es. Und durch den Trick des deutschen Geheimdienstes, alle Scheine zu fälschen, war es nicht mehr möglich, die Sache aufzuklären. Aber im Keller des KGB liegen noch die Akten, falls man sie nicht vernichtet hat. Auf jeden Fall sind einige von uns damals sehr schnell sehr reich geworden. Unser Falschgeld war ja plötzlich echt.«

Iwan D. gehört zu jenen neuen, plötzlich Reichen Rußlands. Woher er sein Geld hat, wissen wir jetzt. Um die Geschichte zu überprüfen, versuchen wir, von offiziellen Stellen Informationen zu bekommen, doch erst der Manager einer Bank gibt uns Auskunft:

»Mir ist diese Geschichte schon von anderer Seite zugetragen worden. Natürlich haben die Geheimdienste ihre Spione oft mit Falschgeld ausgestattet. Das wissen wir sicher. Und ähnliche Aktionen sind zum Beispiel während des Krieges geplant gewesen. Die Deutschen haben damals in ungeheuren Mengen englisches Geld gedruckt. Aber das ist nicht mehr zum Einsatz gekommen. So betrachtet, besitzt die Geschichte eine zwingende Logik. Sie könnte wahr sein. Und alle unsere Hundertmarkscheine sind falsch. Aber zugeben könnte das keiner! Auch ich würde mich hüten, eine offizielle Stellungnahme abzugeben.«

Hautverpflanzung wird Mode: Amerikanerinnen bevorzugen schwarzen Po

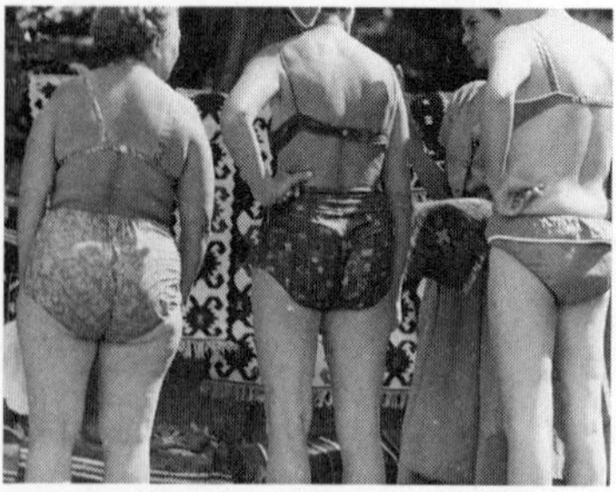

Amerikanerinnen auf Kreta: süßes Geheimnis unter der Hose?

Weiße Frauen wollen schwarze Haut. Immer öfter muß ein Chirurg in Kalifornien auf Wunsch Hautverpflanzungen vornehmen. Und immer mehr Amerikanerinnen haben deshalb ein süßes Geheimnis: Ihr Po ist schwarz.

Begonnen hatte alles mit einer Notoperation. Die weiße Amerikanerin Jane M. aus Beverly Hills hatte sich bei einer Gartenparty aus Versehen auf den glühenden Grill gesetzt. Mit schweren Verbrennungen kam sie in die Praxis von Dr. Gary D. Sie hatte Glück im Unglück. Gary D. ist Chirurg und Hautspezialist. Die Verbrennungen von Mary machten eine sofortige Hauttransplantation dringend notwendig. Es war jedoch nur schwarze Haut als Spenderorgan vorhanden. Dr. Gary entschied sich, sie zu verwenden. Mary bekam ein schwarzes Hinterteil. Doch sie verklagte den Arzt auf eine Million Dollar Schadensersatz. Als ihr Foto wegen des Prozesses durch die Presse ging, standen bei Dr. Gary die Telefone nicht mehr still. Hunderte von weißen Frauen wollten ebenfalls eine solche Hautverpflanzung.

Der Arzt hat inzwischen 112 Frauen operiert. Über die Schadensersatzklage lacht er heute, denn die Operationen haben ihm weit mehr eingebracht. Und ein Ende ist nicht abzusehen.

»Ich habe eine lange Warteliste«, erklärt er. »Es ist eine richtige Mode geworden. Leider ist es nicht mehr so leicht wie am

Anfang, die richtige Spenderhaut zu bekommen. Ich möchte die Gelegenheit nutzen und zu Hautspenden aufrufen. Wir zahlen sehr gut. Die Operation selbst ist nicht besonders schwierig. Es gibt kaum Komplikationen. Ich habe da ein völlig eigenes Verfahren entwickelt.«

Dr. Gary führt uns durch seine kleine Klinik. Wir können mit einer Frau sprechen, die auf eine Operation vorbereitet wird.

»Ich tue es für meinen Mann. Er hat es sich gewünscht. Aber auch mir gefällt es. Es ist einfach schön. Es sieht irgendwie gut aus. Und natürlich ist es sehr erotisch und erregend. Und das ist die Hauptsache. Man sieht es ja in der Öffentlichkeit nicht. Aber man weiß, daß man es hat.«

Wir kommen in den Operationsraum. Er ist perfekt mit den modernsten Geräten ausgestattet. Dr. Gary erklärt seine Methode: »Wir übertragen gleichzeitig die Spenderhaut auf den Patienten und die Haut des Patienten auf den Spender. Ich bin der Überzeugung, daß auch die Spender froh sind über ihre – sagen wir einmal – Zweifarbigkeit. Natürlich bekommen sie dafür sehr viel Geld. Aber manchmal kommt mir der Gedanke, daß ich damit auch irgendwie einen Beitrag zur Versöhnung der Rassen leiste.«

Unsere Zweifel läßt der Arzt nicht gelten, und er verweist uns an einen befreundeten Psychologen. Er unterstützt den Chirurgen mit psychologischen Attesten.

»Wir haben es hier mit einem Phänomen zu tun, das unter mehreren Aspekten zu deuten ist. Oberflächlich könnte man sagen, daß diese Frauen helfen, die Vorurteile in unserer Gesellschaft gegenüber Schwarzen abzubauen. Aber Vorurteile sind unausrottbar. Bei allen Patientinnen, die zu mir kamen, ging es im Grunde immer nur darum, ein eintönig gewordenes Eheleben zu aktivieren, eine Ehe zu retten. Die Motivation der Ehemänner scheint mir deshalb viel interessanter zu sein. Tiefenpsychologisch spielen Aggression und Potenzwünsche eine Rolle. Genaugenommen haben wir es hier mit einer Verlagerung des Rassismus ins heimische Schlafzimmer zu tun. Und ich denke, da gehören seine Auswirkungen hin – und nur dort.«

Rote Augen auf Fotos – russischer Satellit ist schuld

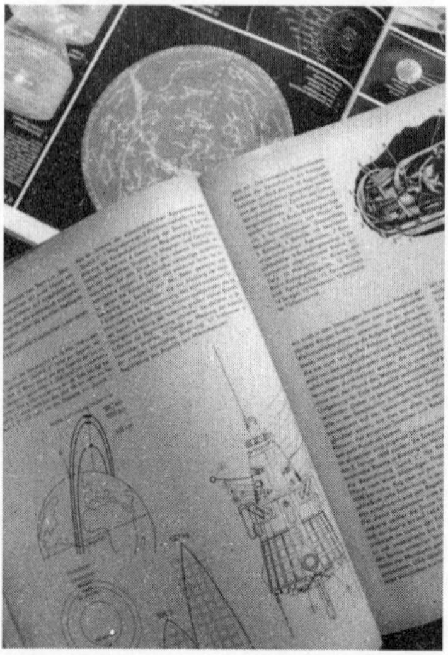

Lehrmaterial des DDR-Geheimdienstes: Satellit war verzeichnet!

Kennen Sie das? Sie holen Ihre Fotos ab und wieder haben auf fast jedem Bild Ihre Lieben rote Augen. Sie zweifeln an Ihren Fotokünsten. Sie zweifeln an Ihrer Kamera. Aber der wahre Grund für diese Störung liegt weit davon entfernt: Es ist ein vergessener russischer Spionagesatellit.

Kai B. ist Hobby-Astronom. Jeden Abend, wenn der gelernte Groß- und Einzelhandelskaufmann von der Arbeit kommt und die vier Treppen in seine kleine Berliner Dachwohnung hinaufgeht, freut er sich auf sein Teleskop. Stundenlang gehört dann die ganze Konzentration des Junggesellen dem nächtlichen Sternenhimmel. Mit größter Sorgfalt führt er über jede Beobachtung Buch. »Natürlich kann man durch mein Teleskop auch Satelliten sehen«, erklärt er. »Außerdem sind die ja in unseren Sternkarten eingezeichnet. Im November letzten Jahres ist mir dann aber etwas aufgefallen. Ich habe es zuerst für eine Sternschnuppe gehalten, aber es kehrte immer wieder, wie ein Satellit in der Umlaufbahn.«

Kai B. ließ sich von der amerikanischen Weltraumbehörde die neuesten Sternkarten in die Firma faxen. Aber dort, wo er Abend für Abend einen Lichtblitz sah, war nichts eingetragen. Erst auf einer 17 Jahre alten Karte wurde er fündig. Damals gehörte die Umlaufbahn KOSMOPOL IV, einem russischen Spionagesatelliten der Sirius-Klasse. Kai B. notierte seine Entdeckung und maß dem Ganzen keine größere Bedeutung zu. Die Wochen vergingen. »Ende November waren dann ein paar Kollegen bei mir, die ich mit den gefaxten Sternkarten neugierig gemacht hatte. Ich zeigte ihnen das Teleskop, wir tranken ein paar Bier und irgendwann fotografierte mich einer mit dem Teleskop.« Ein paar Tage später lag dann das Foto auf seinem Schreibtisch in der Firma. »Ich wollte es gerade wegwerfen, denn ich hatte darauf diese fiesen roten Augen. Da entdeckte ich doch plötzlich die Uhrzeit auf dem Foto. Sie wissen schon, von diesen Fotoapparaten, die die Zeit mit einblenden.« Kai B. gefror das Blut in den Adern: 23 Uhr 17. Das war exakt die Zeit, in der sich jeden Abend der Satellit direkt über Berlin befand. Er informierte seine Kollegen, daß hier ein Zusammenhang bestehen könnte. Viele beteiligten sich an einem Experiment. Immer dann, wenn Deutschland im Einflußbereich des Satelliten lag, machten sie Fotos. Und tatsächlich: Immer hatten die Personen darauf rote Augen. Für Kai B. war der Beweis angetreten: KOSMOPOL IV mußte noch aktiv sein und nicht verglüht, wie damals von den Russen angegeben. Seine Spionage-Fototechnik war außer Kontrolle geraten. Die deutschen Sternwarten, die Kai B. anschrieb, wollten seine Beobachtungen weder bestätigen noch entkräften. »Die dürfen das garantiert nicht zugeben, daß da ein russischer Satellit ist. Aber ich bin mir sicher, die roten Augen kommen von KOSMOPOL IV, und zwar überall auf der Welt, wo Leute abends fotografieren. Seine Umlaufbahn führt schließlich einmal um die Erde. Ich kann jedem nur raten, sich abends nicht mehr fotografieren zu lassen.«

Auf einer Militärtagung sprechen wir mit einem russischen

Delegationsmitglied: »KOSMOPOL IV diente allein der friedlichen Erforschung des Kosmos und dem Ruhme der glorreichen Sowjetarmee. KOSMOPOL IV hatte biologische Experimente und keinerlei fotografische Apparate an Bord. Er lieferte wertvolle Erkenntnisse für die Landwirtschaft unseres großen Landes. Am 3. Juni 1976 verglühte KOSMOPOL IV ordnungsgemäß als Objekt 437/76 über dem roten Himmel von Kasachstan.«

Ein Amerikaner kommt lächelnd hinzu und widerspricht: »Ich weiß nicht, warum die Russen immer noch nicht zugeben können, daß ihre Technik miserabel ist. Schließlich sind die Zeiten des Kalten Krieges vorbei. Wir wissen doch genau, daß mehrere russische Satelliten nur eingesetzt waren, um unsere Satelliten zu stören und deren Spionage-Fotos über Rußland unbrauchbar zu machen.«

Italiener eröffnet erstes Smog-Hotel

Hinter dieser Tür beginnt die Großstadt

Auf den ersten Blick sieht der Palazzo Aero Negro wie ein ganz normales Touristenhotel an der italienischen Riviera aus. Und doch ist die Hotelanlage des Italieners Luigi Engini ein Geheimtip. Denn hier wird endlich einmal etwas für Urlauber getan, die sich in gewohnter Großstadt-Atmosphäre erholen wollen. Die Klimaanlage liefert statt frischer Luft Smog.

Die weiß getünchten Bungalows, das bunte Treiben der Urlauber, der typische Swimmingpool und der herrliche Blick durch die Pinien auf das azurblaue Meer – stolz führt uns Luigi Engini durch seine Hotelanlage. Von außen wirkt alles so, wie man es von einem italienischen Hotel der Mittelklasse erwartet. Während wir die würzige Seeluft genießen, die der warme Sommerwind den Hang hinaufträgt, sind wir gespannt, was uns hinter der Tür des Bungalows erwartet, zu dem uns Herr Engini auf dem kleinen Weg aus Natursteinen führt. »Normalerweise sind wir in dieser Zeit völlig ausgebucht. Aber weil wir wußten, daß Sie kommen, habe ich eines unserer schönsten Appartements freigehalten«, sagt er und öffnet die Tür des Bungalows. Autoabgase und stickige Luft wie in der Rush-hour schlagen uns entgegen. Etwas Ruß liegt in der Luft. Soweit wir erkennen können, ist das Appartement geschmackvoll eingerichtet. Die Klimaanlage läuft auf Stufe 3B – Feierabendverkehr. Herr Engini erklärt: »Wissen Sie, das Abgas-Sauerstoff-Gemisch ist perfekt. Die Gäste, die zu uns kommen, sollen sich doch wie zu Hause fühlen. Wer rechtzeitig bucht, bekommt seine ganz persönliche Smogstufe. Wir haben Stammgäste aus Rom und Milano, aber auch eine Familie aus Bottrop und ein paar Ostberliner Geschäftsleute gehören zu unseren Stammgästen. Die Leute wollen tagsüber ganz normal Urlaub machen: baden, faulenzen, und Essen gehen. Abends will sich dann jeder in seinem Appartement wohl fühlen und gut schlafen. Und Sie wissen selbst – am besten schläft man zu Hause.«

Die Idee mit der Luftveränderung lag für Herrn Engini quasi auf der Straße. Genauer gesagt, als er bei einem Besuch in Rom im Stadtverkehr hinter einem Bus festsaß. »Der blies mir die Dieselabgase direkt in den Wagen. Ich hustete und mir wurde fast übel. Das Komische war, in allen Wagen um mich herum, die ja auch durch die schlechte Luft fuhren, waren die Leute fröhlich und ausgelassen. Na ja, und die hatten alle das Autokennzeichen von Rom. Die kannten solche Luft. Die waren daran gewöhnt. Die brauchten das geradezu.«

Herr Engini setzte alles auf eine Karte. Er nahm einen Kredit auf und kaufte drei alte LKW-Motoren. Er ließ die Motoren im Keller seines kurz vor der Pleite stehenden Hotels an die Klimaanlage anschließen. Er dachte sich einen neuen Namen für sein Hotel aus und inserierte in den großen römischen Tageszeitungen. Der Erfolg gab ihm recht. Er ist für zwei Jahre im voraus ausgebucht. Doch die Pläne dieses intelligenten Mannes, der die Zeichen der Zeit erkannte, gehen noch weiter. »Wir wollen jetzt auch noch Lautsprecher in den Zimmern verlegen, damit wir

Autos, Mopeds, Hupen, Transistorradios, eben den ganzen nächtlichen Straßenlärm einer Großstadt in unsere Appartements kriegen. Das wäre mein Traum.«

Friseurin entdeckt Glückssträhnen

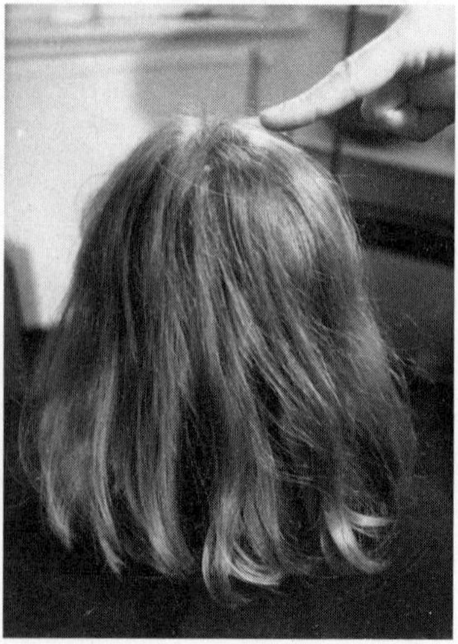

Glückssträhnen: hier müssen sie wachsen

Warum gibt es Menschen, die alles haben? Menschen, die scheinbar mühelos Karriere machen, zu Geld kommen und ein Liebesleben führen, von dem andere nur träumen können? Eine 27jährige Friseurin glaubt, eine Erklärung dafür gefunden zu haben: Glückssträhnen.

Als wir in einer Düsseldorfer Nobel-Einkaufspassage vor dem Friseursalon stehen, in dem Britta L. arbeitet, geben wir ihr durch die Scheibe das verabredete Zeichen. Sie möchte nicht, daß ihre Kolleginnen und ihr Chef von unserem Treffen erfahren. Eine halbe Stunde später, in einem kleinen Café, erzählt uns die junge, sympathische Frau von ihrer Entdeckung: »Also, wenn ich Leuten die Haare schneide oder wasche, dann erzählen die natürlich auch. So von sich und wo sie Urlaub machen und so. Da kriegt man so einiges mit. Wenn Kunden dann regelmäßig kommen, dann kenn ich die meistens ziemlich gut.« Britta L.

zieht nervös an einer Zigarette und streicht sich die blonden Locken aus der Stirn. »Na, und zu uns kommen eben auch jede Menge Manager. So Erfolgstypen: braungebrannt, teurer Anzug, Luxuslimousine. Daß die Geld haben, sieht man gleich. Obwohl wir im Salon natürlich auf was anderes achten.«

Durchschnittlich 45 Minuten konzentriert sich Britta L. ganz auf den Kopf jedes Kunden. Haare schneiden. Haare waschen. Haare föhnen. Irgendwann fiel ihr dann etwas auf. »Ich hatte gerade einen Nachschnitt mit Waschen und Legen, und der Typ erzählte mir von seinem Haus in der Toskana. Von der Fahrt da runter mit seiner Freundin im Porsche Cabrio und so. Na, und beim Kämmen sah ich es dann ganz deutlich. Er hatte diese bestimmte graue Strähne. Ich hatte sie auch schon bei anderen Menschen gesehen.«

Britta L. begann, heimlich Buch zu führen. Und das überraschende Ergebnis: Jeder Mann, jede Frau, die es im Leben zu etwas gebracht hatten, Direktoren, Manager, Ärzte, Karrierefrauen und Künstlerinnen hatten diese Strähne. Und sie befand sich immer an der gleichen Stelle.

»Ich war ganz aufgeregt über meine Entdeckung, aber ich habe mir auch gesagt: Mach dich nicht verrückt, Britta, das kann nicht sein. An dem Tag hatte ich gerade einen erfolgreichen Chirurgen mit rabenschwarzen Haaren. Aber wie ich so den Stuhl hochpumpe, sagt der doch: »Insgesamt kürzer und nachfärben bitte. Und da ging mir ein Licht auf: Haarfärbemittel, Tönungen... erfolgreiche Menschen gehören doch zu den besten Kunden bei diesen Artikeln.« Für Britta L. war es ein weiterer Beweis. Erfolgreiche Menschen und diese graue Strähne gehörten einfach zusammen. »Von da an hab ich jeden Tag versucht, mir eine Glückssträhne abzuschneiden. Immer wenn ich so einen Erfolgstypen vor mir hatte. Mit dem bißchen, was ich netto habe, kann ich keine großen Sprünge machen.« Die junge Frau weiß weder ein noch aus. Ihre Entdeckung hat sie verwandelt. Einflußreiche Kunden haben sich über sie bereits beschwert. Die Kunden reden von Löchern in ihrer Frisur, von

Unfähigkeit und wollen nicht mehr von Britta L. bedient werden. Ihr Chef hat ihr noch eine Chance gegeben. Sie ist verzweifelt, sie glaubt, sie könne ihr Glück erzwingen. »Ich muß noch eine von den Glückssträhnen erwischen, bevor ich rausfliege. Sonst ist mein Leben verpfuscht.«

Wir verabschieden uns von ihr, nicht ohne ein Versprechen zu geben. Wir wollen ihre Beobachtungen einem Haarspezialisten am Brüsseler Dermatologischen Institut vortragen.

Prof. Dr. Marjabat Puri, Haarspezialist aus Brüssel, der mit seiner erfolgreichen Methode gegen Haarausfall weltweit tätig ist, zu diesem Fall:

»Reihenuntersuchungen haben gezeigt, daß graue Strähnen in verschiedenen Schädelbereichen oft streßbedingt sind. Interessant ist in diesem Zusammenhang der Wirkungskreis Streß gleich Erfolg und Erfolg gleich Streß. Ich möchte hier allerdings nicht von sogenannten Glückssträhnen sprechen. Dieser Begriff ist unwissenschaftlich und trifft den Kern der Sache nicht präzise. Was Ihre Friseurin beobachtet hat, kennen wir. Es ist eine Strähne im Schädelquadrat-Bereich C 4. Sie kommt selten vor. Aber ich , zum Beispiel, habe sie.«

Geld wurde im Wäscheschrank weiß

Nicht mehr zu gebrauchen: gebleichter Dollar-Schein

Jeder hat es, das kleine, geheime Geldversteck irgendwo in der Wohnung. Wegen der Einbrecher legen Menschen ihr Erspartes immer wieder in den Kleiderschrank. Doch Vorsicht, die wahre Gefahr kommt von innen. Frisch gewaschene Wäsche kann Geld ausbleichen.

Nancy G. (35), Hausfrau und Mutter in Cleveland, Ohio / USA, kämpft einen einsamen Kampf. Die tapfere Frau fordert Schadensersatz von den großen amerikanischen Waschmittelkonzernen. Die gesamten Ersparnisse der fünfköpfigen Familie, gut 1480 Dollar, sind nur noch das Papier wert, auf dem sie gedruckt wurden. Die Dollarnoten wurden über Nacht weiß.

Nancy hatte wie immer die frischgewaschene Wäsche im Kleiderschrank als Geldversteck gewählt. »Ich kann das nicht verstehen, da ist doch nie was passiert. Es muß einfach an diesen neuen Waschmitteln liegen. Die experimentieren da doch laufend dran rum. Wird ja sogar in der Reklame gesagt. Das müssen die uns ersetzen.« Nur mit Mühe können wir die aufgebrachte Frau beruhigen und Nancy bitten, ihre Geschichte von Anfang an zu erzählen.

»Bill und ich haben drei Kinder. Sie können sich ja denken, was da für Wäsche anfällt. Bill arbeitet als Mechaniker. So ein Waschmittelpaket reicht bei uns also nicht lange.«

Drei Waschmaschinen voll. Jeden Dienstag und Freitag. Nancy ist eine gute Hausfrau. Ordentlich gebügelt wandert Wäschestück auf Wäschestück sauber und duftig frisch in den Kleiderschrank. Sorgsam wie jedesmal, will Nancy das Bündel mit den ersparten Dollarnoten wieder zwischen die frische Bettwäsche legen, da stutzt sie. Wo vorher das Geld lag, liegt ein Bündel weißer Zettel. »Erst hab ich an Bill gedacht. Der Mann wird ja nie erwachsen und spielt mir manchmal ganz schöne Streiche. Aber Bill schwor beim Leben seiner Mutter, das Geld nicht angerührt zu haben. Wir haben dann die ganze Nacht auf dem Sofa gesessen und überlegt. 1480 Dollar sind für uns sehr viel Geld. Die einzige Erklärung war, daß es irgendwas mit der Chemie von den Waschmitteln zu tun haben müsse. Es gibt doch auch Menschen, die allergisch gegen Waschmittel oder Cremes sind.«

Nancy und Bill wollten es genau wissen. Sie steckten einen Dollar-Schein nur zur Hälfte zwischen die frische Bettwäsche. Am nächsten Morgen dann der Beweis: Der Schein war zur Hälfte weiß.

»Ich bin dann einfach zur Bank gegangen und wollte das weiße Geld umtauschen. Die hatten sowas aber noch nie gesehen. Der Bankkassierer ist dann nach hinten gegangen und hat die Scheine getestet. Das weiße Papier war zwar Geld. Irgendein Spezialpapier mit Wasserzeichen. Nur der Aufdruck war wie weggewaschen. Man konnte nicht sehen, ob das mal Zehner, Zwanziger oder Hunderter waren. Da weigerten die sich natürlich, irgendwas umzutauschen. Nur unseren halb ausgeblichenen Test-Dollar haben die genommen.«

Auch Verbraucherverbände, die Nancy und Bill im ganzen Land anschrieben, konnten nicht weiterhelfen. Noch nie zuvor war das Ausbleichen von Geld durch Waschmittelausdünstungen beobachtet worden. Doch Nancy gibt nicht auf. Sie hat sich einen Anwalt genommen und die großen Waschmittelkonzerne verklagt. »Wir lassen uns nicht das letzte Hemd rauben. Es kann einfach nur an der Waschmittelchemie liegen. Die Pakete sind ja plötzlich auch alle kleiner als früher. Das muß doch irgendwie schärfer sein. Wer weiß, was da noch alles passiert. Ich habe jetzt an eine Talk-Show geschrieben. Vielleicht melden sich ja noch mehr Menschen, die sich arm gewaschen haben.«

Ein holländischer Verbraucherschützer dazu:

»Reinigungsmittel sind eine unberechenbare Gefahr. Denken Sie nur an den Skandal mit dem Giftgas, das aus dem Toilettenreiniger kam. Oder ganz alltäglich, die Kleidungsstücke, die in der Waschmaschine abfärben und ihre Farbe verlieren. Von dem Skandal, mit der Frau die süchtig nach einem bestimmten Waschpulver war, will ich hier gar nicht reden. Es ist durchaus möglich, daß bei den Tausenden von Waschmitteln und Weichspülern, die auf dem Markt sind, unbekannte chemische Verbindungen entstehen. Die Auswirkungen kann keiner vorhersagen.«

Chinesische Lackwürmer zerstören unsere Autos

Infiziert: erste Spuren des Lackwurmbefalls

Haben Sie sich schon einmal über Kratzer auf dem Lack Ihres Autos geärgert? Und haben Sie dann auf die Rowdys geschimpft, die mit Schlüsseln und Schraubenziehern Ihren Wagen beschädigten? Ein englischer Lackspezialist entdeckte jetzt eine ganz andere Ursache: Chinesische Lackwürmer!

Die Spuren auf dem frisch lackierten Jaguar gehen über die gesamte Fahrerseite. Es sieht aus, als sei jemand mit einem harten Gegenstand zweimal absichtlich darübergefahren. Traurig zeigt uns Peter Ball die Kratzer. Er hatte den wertvollen alten Wagen im Auftrag eines Kunden mit mehreren neuen Lackschichten versehen. Die Arbeit von drei Tagen ist zerstört. Dabei war das Auto auf dem abgeschlossenen Hof der Lackierwerkstatt geparkt gewesen. Niemand hätte unbemerkt den Schaden verursachen können. Und doch war er über Nacht plötzlich da. Peter Ball fährt mit der Hand liebevoll über den glänzenden Lack, dann klärt er uns auf.

»Typisch. Das waren diese Lackwürmer. Es sind furchtbare Schädlinge, die uns schwer zu schaffen machen. Sie kommen ursprünglich aus China. Sie kennen ja diese chinesischen Lackdosen. Darin haben sie sich entwickelt. Über Korea sind sie nach Japan eingewandert, und von dort haben sie sich mit den japanischen Autos über die ganze Welt verbreitet. Und es gibt noch kein Gegenmittel.«

Peter Ball führt uns in sein kleines Labor neben der Lackiererei. Hier hat er eine Lackiertechnik entwickelt, für die er berühmt ist. Viele Liebhaber von Oldtimern lassen deshalb ihre Wagen bei ihm neu lackieren. Doch jetzt ist sein gutgehendes Geschäft in Gefahr.

»Wenn es so weitergeht, kann ich meinen Beruf aufgeben. Die Biester haben sich ungeheuer vermehrt. Meine Leute kommen mit dem Lackieren gar nicht mehr hinterher. Tagsüber halten diese Lackwürmer still, aber nachts entwickeln sie einen ungeheuren Appetit. Kommen Sie, ich zeige Ihnen mal welche. Die sind nämlich nur unter dem Mikroskop zu sehen.«

Peter Ball legt ein kleines Stück Blech mit dem Ende eines Kratzers unter das Mikroskop und läßt uns hindurchschauen. Wir sehen in der Rille des Kratzers einen kleinen rosafarbenen Punkt. Der Körper eines Lackwurms, der sich nur schwach bewegt. »Es fällt zuviel Licht auf ihn«, erklärt der Engländer, »dann werden sie inaktiv«. Peter Ball verdunkelt die Fenster des Labors und löscht das Licht. Wir warten zehn Minuten, dann schalten wir die Mikroskopbeleuchtung ein. Tatsächlich, die Kratzspur ist länger geworden.

»Sehen Sie, wie ich es Ihnen gesagt habe. Eine ganz neue Spezies. Wahrscheinlich mutiert. Die Biester sind schnell. Und wenn nachts zwei Autos dicht beieinanderstehen, springen sie über. Ihre Spuren unterscheiden sich nicht von normalen Kratzern. Nur der Fachmann kann die wahre Ursache entdecken. Aber ich fürchte, es ist zu spät, die Lackwürmer zu bekämpfen. Heute bekommen sie oft schon nagelneue Autos mit Kratzern. Die Hersteller wissen das, doch sie halten es geheim. Und die Presse darf nicht darüber berichten, sonst bekommen die keine Autoanzeigen mehr. Ist doch klar, niemand würde mehr ein neues Auto kaufen, wenn der Hersteller nicht garantieren kann, daß es lackwurmfrei ist.«

Auf unserer Fahrt zu einem Autoimporteur, ist unser Blick geschärft. Wir wollen uns vergewissern, ob Peter Balls Entdeckung stimmt. Wir fahren langsam und halten ab und zu an, um ein Auto zu inspizieren. Es ist wahr: Die Lackwürmer haben sich bereits wie eine Seuche ausgebreitet. Die am Straßenrand geparkten Autos haben fast alle die typischen Kratzer. Der Geschäftsführer hört sich schweigend unsere Geschichte an, doch seine Finger trommeln nervös auf der Schreibtischkante. Dann sagt er zwei einzige Worte: »Kein Kommentar«. Seine Sekretärin bringt uns hinaus. Es ist inzwischen dunkel geworden. Die Verkaufshalle des Importeurs, indem die Neuwagen stehen, ist in gleißendes Licht gehüllt. Wir wissen, warum.

Toter Beamter lag elf Jahre in vergessenem Büro

Elf Jahre lag der Tote hinter diesem Fenster

Finanzbehörden befinden sich oft in alten finsteren Gebäuden. Immer wieder wird um- und angebaut, um sie neuen Bedürfnissen anzupassen. Ein Gebäude in Oberitalien wurde dabei so unübersichtlich, daß man ein Zimmer und den Beamten darin vergaß. Elf Jahre später wurde er durch Zufall entdeckt. Unter einer dicken Staubschicht fand man seine Leiche.

Der Skandal wird noch heute mit Erfolg vertuscht. Wir stoßen bei unseren Nachforschungen auf eine Mauer des Schweigens. Bei einer Ortsbesichtigung verlaufen wir uns mehrmals in den verwinkelten Gängen des Amtes. Ein Zwischengeschoß ist nachträglich eingebaut und ein anliegendes Gebäude mit anderen Ebenen in einer weiteren Bauphase mit einbezogen worden. Schließlich müssen wir jemanden bitten, uns den Weg zum Ausgang zu zeigen. Wir sind heilfroh, wieder das Sonnenlicht zu erblicken.

Unser Informant, ein pensionierter Beamter, führt uns auf den Friedhof an ein schmuckloses Grab und erzählt uns die traurige Geschichte:

»Hier liegt er, der arme Anselmo. Sie haben ihn eilig verscharrt. Er hatte ja keine Verwandten mehr und auch keine Freunde. Er hat ganz allein gelebt. Aber er war ein anständiger Kerl, hat immer ruhig und zuverlässig seine Arbeit gemacht. Niemand hat ihn vermißt. Das muß man sich mal vorstellen. Es ist eine Tragödie. Ich habe ihn noch gekannt. Vor elf Jahren, als der letzte Umbau war, wurde ich pensioniert. Da bin ich noch zu ihm ins Zimmer, um mich zu verabschieden. Da hat er sich bei mir beschwert, daß er keine Akten mehr bekomme. Und ich hab noch zu ihm gesagt, er solle sich doch freuen. Er hatte nämlich immer so Herzschmerzen.«

Weil das Zimmer des Beamten Anselmo auch auf den Organisationsplänen der Behörde nicht mehr auftauchte, wurde er nicht mehr in die laufenden Vorgänge einbezogen. Er bekam weder Arbeit noch Besuch. Niemand hatte einen Anlaß, an seine Tür zu klopfen. Doch Anselmo ging weiter Tag für Tag in sein Büro. Er wartete auf Arbeit bis sein Herz aussetzte. Niemand bemerkte es. Die Jahre vergingen. Der Staub der Akten bedeckte seinen Körper. Vielleicht wäre er noch heute unentdeckt, wenn nicht...

»Ich weiß nicht, wieso, aber eines Tages erinnerte ich mich an den schweigsamen Anselmo. Ich machte mich auf den Weg zu seinem Haus. Es liegt etwas außerhalb. Es war ziemlich verwildert. Niemand wußte Bescheid. Da bin ich in die Behörde, um nach seiner neuen Adresse zu fragen. Und komisch, dort behauptete man, es gäbe keinen Anselmo, und es hätte auch nie einen gegeben. Da hab ich mir gedacht: geh mal zu seinem alten Zimmer. Die Tür klemmte, und ich mußte alle Kraft aufwenden, um sie zu öffnen. Das ganze Zimmer war voller Staub. Und man konnte genau sehen, daß unter dem Staub jemand lag. Die Körperformen waren noch zu erkennen. Ich bin hoch zum Direktor. Erst wollte mich die Sekretärin nicht reinlassen. Da habe ich gesagt, ich würde einen riesigen Krach schlagen. Na, da gings plötzlich. Ich habe ihm das Büro gezeigt, und er hat mich sogar noch mit dem Dienstwagen nach Hause gefahren. Ich sollte niemandem was erzählen, hat er gesagt.«

Nach der hastigen Beerdigung Anselmos, versuchte der pensionierte Beamte die Öffentlichkeit zu informieren. Eine Journalistin aus Rom hat, so wie wir, die Geschichte nachgeprüft. Trotzdem kam es nicht zu einer Veröffentlichung. Die Journalistin erzählt uns den Grund:

»Ich glaube, daß die Geschichte stimmt. Es gibt einfach zu viele Hinweise. Doch es gibt keine offizielle Bestätigung. Natürlich ist die Behörde nicht daran interessiert, daß der Fall publik wird. Was soll ich tun? Der Direktor weigert sich, auf meine Fragen zu antworten. Mein Chefredakteur will es nicht drucken, solange wir keine Stellungnahme des Direktors haben. Ich finde das alles ziemlich traurig, aber ich weiß auch nicht weiter.«

Im Autobahndreieck verschollen

»Horster Dreieck«, Südseite: mehr Autos rein- als rausgefahren

Eine Autobahnabzweigung bei Hamburg galt lange Zeit als besonders gefährlich. Die Unfälle häuften sich. Dann wurde das »Horster Dreieck« durch Geschwindigkeitsbeschränkungen und Baumaßnahmen entschärft. Doch jetzt gibt es neue beunruhigende Meldungen: Autofahrer verschwinden spurlos in dem komplizierten Autobahngebilde.

Der Kleingarten von Ernst P. befindet sich nur wenige hundert Meter von der Autobahn entfernt. Oft macht der Pensionär einen Spaziergang bis an das »Horster Dreieck«. Stundenlang beobachtet er den Verkehr. Er wartet darauf, daß ein bestimmter Wagen wieder auftaucht, der hier vor zwei Jahren verschwand. Es war das Auto, in dem sein Sohn saß. Hier hat er mit eigenen Augen mit ansehen müssen, wie der Wagen von einer Nebelbank verschluckt wurde. Ernst P. hat weitere Fälle von Autofahrern gesammelt, die auf der Autobahn von Hamburg Richtung Süden gefahren sind und nie ankamen. Er behauptet, sie seien im »Horster Dreieck« verschollen. Wir folgen dem Rentner auf eine Brücke. Er erklärt das Straßenwirrwarr unter uns:

»Sehen Sie, wir haben es hier mit zwei Autobahndreiecken zu tun. Die Autobahnen führen in fünf verschiedene Richtungen. Deshalb ist das hier so ein Durcheinander. Es gibt Autofahrer, die meiden diese Strecke wie der Teufel das Weihwasser. Die fahren über die Bundesstraße 4 und erst hinter dem »Horster Dreieck« wieder auf die Autobahn. Recht haben die, wenn Sie mich fragen.«

Der Kleingärtner erzählt uns die Geschichte seines Sohnes. Er wollte nach Frankfurt fahren, um seine Freundin zu besuchen. Es war spät geworden, und der Verkehrsfunk hatte vor einzelnen Nebelbänken gewarnt. Ernst P. war zur Autobahn gegangen, um ihm noch einmal zuzuwinken.

»Ich stand da drüben. Ich sah meinen Sohn kommen. Er sah mich, lachte und winkte, direkt vor ihm war eine kleine flache Nebelwolke. Er fuhr hinein. Ich sah noch seine roten Rücklichter. Er bremste ab. Und dann war da nichts mehr. Er kam nicht wieder zum Vorschein. Ich dachte: das gibts doch gar nicht. Ich hätte ihn doch wieder sehen müssen. Es war nur ein kurzer Nebelstreifen. Ich bin dann bis an die Böschung runter. Inzwischen hatte sich der Nebel gelichtet. Da war nichts, absolut nichts. Keine Spur mehr von ihm. In Frankfurt ist er nie angekommen.«

Ernst P. ging zur Polizei. Man nahm seine Vermißtenmeldung auf, aber seiner Geschichte schenkte man keinen Glauben. Der Rentner gab sich damit nicht zufrieden. Über Kleinanzeigen suchte er ähnliche Fälle. Er zeigt uns die Briefe, die er daraufhin bekommen hat.

»Sie glauben gar nicht, wie viele Autofahrer auf dem Weg nach Süden verschwunden sind. Und alle sind über das »Horster Dreieck« gefahren. Da gibt es doch einen Zusammenhang, das ist für mich offensichtlich.«

Aber einer der Fälle gibt Ernst P. auch Hoffnung, seinen Sohn noch einmal wiederzusehen. Es handelt sich um einen Autofahrer, der ebenfalls diese Strecke fuhr und verschwand. Sechs Monate später tauchte er in Spanien wieder auf, ohne sagen zu können, wie er dorthin gekommen sei. Der Rentner habe recht, behauptete eine dänische Archäologin. Sie hat sich auf die Erforschung der Wirkung von Dreiecken spezialisiert.

»Daß Dreieck-Konstruktionen eine ganz besondere Wirkung haben, wird ja heute von niemandem mehr bestritten. Denken Sie nur an das konservierende Phänomen der Pyramiden. Versuchen Sie mal, einen Hund oder eine Katze in eine Dreieckskonstruktion zu setzen! Bei einem Autobahndreieck können Sie das an sich selbst beobachten. Schon wenn Sie darauf zufahren, spüren Sie eine Unruhe. Sie vermindern das Tempo. Ihr Instinkt sagt Ihnen, daß Gefahr droht. Ein chinesischer Architektenbund hat seinen Mitgliedern jetzt die Verwendung des Dreiecks verboten.«

Bankautomat spendete Bettlern Geld

Der barmherzige Automat bekam einen Maulkorb

Auf dem Geldautomat einer Bank in einer norddeutschen Stadt klebt ein großes Schild: Außer Betrieb. Der Automat wurde von Technikern untersucht. Sie fanden keinen Fehler. Trotzdem wird er nicht wieder eingeschaltet. Denn der Automat zahlte Geld an Bettler aus.

Der arbeits- und wohnungslose Werner F. wohnt unter einer Brücke. Doch eine Woche lang hatte er soviel Geld wie noch nie. Und zwei seiner Kollegen ging es ebenso. Eine Woche lang lebten sie in Saus und Braus. Das Geheimnis der Herkunft des Geldes teilten sie mit niemandem. Doch jetzt ist die Quelle versiegt. Werner F. muß mit seinem Schäferhund wieder betteln gehen. Vor einem Kaufhaus hat er seinen Stammplatz. Dort treffen wir ihn. Er sitzt auf einem Karton, hat eine Decke über seine Füße gelegt und eine geöffnete Blechdose vor sich aufgestellt. Er lächelt in der Erinnerung an seinen plötzlichen Reichtum.

»Mann, war das toll. Ich bin sogar in ein Restaurant gegangen und habe mir Schweinshaxen bestellt. Sowas hatte ich seit zwei Jahren nicht mehr gegessen. Die haben mich da vielleicht komisch angeguckt. Aber ich konnte ja bezahlen. Ich wollte mir auch eine Wohnung mieten. Wenn man eine Adresse hat, kriegt man auch wieder Arbeit. Aber dann hat die Bank gemerkt, daß der Geldautomat Mitleid mit uns hatte. Na, und da war natürlich Schluß.«

Werner F. war in einer kalten Nacht, hungrig und auf der Suche nach einem warmen Schlafplatz, an dem Bankautomaten vorbeigekommen. Sein Hund war plötzlich stehengeblieben, hatte die Ohren gespitzt und sich geweigert, weiterzugehen.

»Ich sag zu ihm: Komm, du Töle! Und da hör ich dieses Piepen. Es kam von dem Geldautomaten. Ich geh näher, und da fängt der Automat an zu rattern. Und plötzlich öffnet sich da eine Klappe, und da drin liegt ein Bündel Hunderter. Na, ich seh mich um, ob da jemand ist. Aber da war keiner. Da hab ich das Geld genommen und *Dankeschön* gesagt. Und dann nichts wie weg.«

In der nächsten Nacht ging Herbert F. wieder an der Bank vorbei, alles geschah noch einmal. Und von da an jede Nacht. Er erzählte die Geschichte zwei Kollegen, und auch sie bekamen von dem Bankautomaten Geld. Doch nach einer Woche war es vorbei. Der Automat wurde abgestellt. Wir fragen in der Bank nach dem Grund. Die Antwort: eine der regelmäßigen technischen Überprüfungen. Es sei alles ganz normal. Keine besonderen Vorkommnisse.

Doch wir bemerken eine seltsame Unruhe in den Augen des Filialleiters.

Ein Automatenreparateur erzählt uns eine weitere verblüffende Geschichte aus der walisischen Hauptstadt Cardiff. Ein Polizist hatte eine immer länger werdende Schlange von Studenten vor einem Bankautomaten beobachtet. Der Automat hatte ihnen statt Zehn-Pfund-Noten 20 Pfund ausgezahlt:

»Die Bank hat dann behauptet, er sei falsch gefüllt worden. Diese Meldung ging ja durch alle Zeitungen. Doch ich weiß, daß der Kassierer gesagt hat, es sei alles richtig gewesen. Es ist ja auch merkwürdig, daß das alles arme Studenten waren. Wissen Sie, wir bekommen oft die Elektronik von Automaten zur Überprüfung eingeschickt, und da ist gar nichts dran kaputt. Das sind ja inzwischen richtige kleine Computer, verdammt kompliziert. Die können wir gar nicht mehr reparieren, sondern nur noch austauschen.«

Warnung: Leberflecke können anstecken

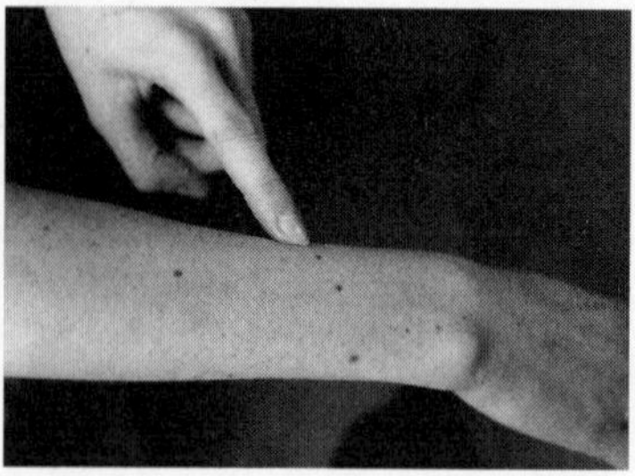

Nicht gefährlich, aber ansteckend: Leberfleck

Vorsicht, wenn Sie Leberflecke haben. Sie können Ihren Partner damit anstecken. Ein australischer Arzt hat diese Entdekkung gemacht. Sie könnte das Aussehen der Menschen in den nächsten Jahrzehnten radikal verändern.

Leberflecke sind harmlos. Bei vielen Frauen sind sie als Schönheitsfleck im Gesicht beliebt. Viele, die ihn nicht von Natur aus haben, malen ihn sich mit Make-up ins Gesicht. Leberflecke hat man meist von Geburt an, so dachten wir bisher. Der Australier William Snark ist anderer Meinung. Und er kann es beweisen. Aus seiner Entdeckung, daß Leberflecke übertragbar wie Schnupfenbazillen sind, hat er ein gewinnbringendes Geschäft gemacht.

Wir stoßen auf den Arzt durch eine Anzeige in einer australischen Zeitung. Sie verspricht echte Leberflecke, wo immer man sie haben will.

Die Praxis des Arztes überrascht uns. Sie enthält fünf sogenannte Übertragungszimmer. Gemütlich eingerichtete Räume mit großen Betten. Ein normales Behandlungszimmer fehlt. Der Arzt erklärt uns, warum das so ist.

»Ich behandle keine normalen Krankheiten mehr. Die Leute kommen nur noch wegen der Leberflecke zu mir. Die Übertragung eines Leberflecks geschieht nachts, und es dauert ziemlich lange, so daß ich Spender und Empfänger einfach zusammen nackt ins Bett stecke. Ich bin fast jede Nacht ausgebucht.«

Der Arzt berichtet, daß es meist Frauen seien, die an einer bestimmten Stelle einen Leberfleck haben wollten. Verwunderlich ist, daß die Spender dagegen fast immer Männer sind. Doch William Snark erklärt die medizinischen Details: »Es gibt zwei Arten von Leberflecken, jene die übertragbar sind und die stabilen. Die Übertragbaren trifft man eben häufiger bei Männern. Ich sensibilisiere die Stelle der Haut, an der die Frau einen Fleck haben will und lege sie dann mit dem Spender zusammen. Meist geht es in einer Nacht, manchmal sind auch mehrere notwendig, aber selten.«

Der neue Leberfleck wird dann innerhalb von einer Woche sichtbar. Der Arzt verlangt sein Honorar allerdings im voraus. Es beträgt 300 Dollar. Doch unzufriedene Kunden hat er nicht. Daß andere Ärzte nichts von seiner Entdeckung halten, wundert ihn nicht.

»Sehen Sie, Leberflecke sind ein uninteressantes Forschungsobjekt. Damit kann man keinen Nobelpreis gewinnen. Ich habe die Sache an mir selber entdeckt. Meine damalige Partnerin hatte viele Leberflecke, und je öfter ich mit ihr zusammen war, um so mehr bekam auch ich. Als sie mich dann verließ und ich eine neue Partnerin hatte, bekam auch diese plötzlich Leberflecke. Ich bin der Sache dann auf den Grund gegangen und habe eine wissenschaftliche Versuchsreihe gestartet. Ich stellte fest, daß wenn ich die Haut mit einer Injektion an der gewünschten Stelle sensibilisierte, ich die Übertragung gezielt vornehmen konnte.«

Natürlich sieht William Snark die Gefahr, daß sich Leberflecke unkontrolliert vermehren und übertragen können. Angst vor einer solchen Invasion der Leberflecke auf den Körpern der Menschen hat er nicht. Seine verblüffende Antwort: »Was wollen Sie? Leberflecke sind doch ein hübscher Anblick.«

Wir gehen zu einer Familie im Nachbarhaus, um eine normale Frau nach ihrer Meinung zu befragen. Doch die Frau, die uns öffnet, ist skeptisch.

»Es ist eine Unverschämtheit, was dieser Mann macht. Leberflecke – daß ich nicht lache. Jeder weiß, was dort geschieht. Und das in dieser Gegend. Hätte ich gewußt, daß hier so ein Haus ist, ich wäre nicht hergezogen.«

William Snark ist über solche Anfeindungen erhaben. »Jede medizinische Neuerung stößt auf Widerstände«, sagt er.

Geheimnisvolles Nasenwachstum aufgeklärt

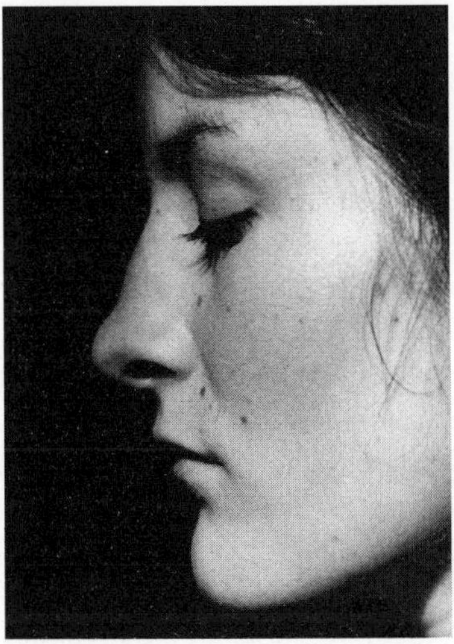

Olivia D.: große Nase durch Vorliebe für schnelle Autos

Statistiker wußten es schon immer. Seit einigen Jahrzehnten werden die Nasen der Menschen immer größer. Noch vor 50 Jahren waren sie rund sechs Millimeter kleiner. Ein mexikanischer Forscher hat jetzt eine Ursache entdeckt: Je höher die Geschwindigkeit, mit der wir uns bewegen, um so größer die Nase.

Wer aufmerksam durch eine Stadt geht und den Menschen ins Gesicht sieht, für den ist es offensichtlich: Immer mehr Menschen haben immer größere Nasen. Gleichzeitig hat sich die Zahl der Nasenoperationen in den letzten Jahren vervielfacht. Schönheitschirurgen sprechen sogar von einer kaum noch zu bewältigenden Flut. Doch Wissenschaftler haben sich bisher der Ursachenforschung kaum angenommen. Der mexikanische Forscher Fernando Arrugar hat über Jahre hinweg Menschen mit großen Nasen beobachtet und versucht, Gemeinsamkeiten herauszufinden.

»Mir war aufgefallen, daß bei bestimmten Berufen große Nasen besonders häufig sind. Bei Sportlern zum Beispiel, besonders bei Läufern. Auch bei Radrennfahrern kann das jeder beobachten. Menschen, die viel fahren, Lastwagenfahrer zum Beispiel, gehören auch zum Homo Naso. Meine Mitarbeiter und ich haben das ganz genau statistisch erfaßt. Diese Tabellen brachten mich auf die Idee, ein wissenschaftlich fundiertes Experiment zu wagen.«

Fernando Arrugar suchte in Mexico City nach schwangeren Frauen, die bereit waren, freiwillig an einem monatelangen Test mitzumachen. Er teilte die Frauen in zwei Gruppen. Die Gruppe A durfte sich möglichst nicht aus dem Haus bewegen. Nur langsame Spaziergänge waren erlaubt. Die Gruppe B wurde täglich mehrere Stunden mit schnellen Autos durch die Gegend gefahren. Dann wartete er auf die Geburt der Babys, um ihre Nasen zu vermessen. Jetzt berichtet er von den ersten Ergebnissen:

»Ich warte noch auf einige Geburten, aber ich habe schon jetzt Meßdaten vorliegen, die meine Annahme bestätigen. Über 80 Prozent der Babys, die bereits ungeboren hohen Geschwindigkeiten ausgesetzt wurden, haben die größeren Nasen. Im Durchschnitt zeigen die Meßgeräte zwei bis drei Millimeter mehr an.«

Der Forscher rechnet im Laufe der ersten Lebensjahre bei dieser Baby-Gruppe sogar mit einem exponierten Nasenwachstum. Nach seinen Beobachtungen ist die Nase, selbst nach Beendigung des allgemeinen Wachstums, noch fähig, sich zu vergrößern.

»Die Nase nimmt beim Menschen eine herausragende Stellung ein. Sie ist eines der erstaunlichsten Glieder, schon ihr physischer Aufbau mit der Knochenwurzel und dem Knorpelfortsatz macht sie einmalig. Mit ihrer Sensitivität ist sie eines der wichtigsten Sinnesorgane des Menschen und zu ständiger Ausbildung fähig. Dies ist zwar von Medizinern auch immer wieder registriert worden, doch wenige haben es zum Anlaß für Forschungsarbeiten genommen.«

Fernando Arrugars Statistiken beweisen einen unmittelbaren Zusammenhang zwischen der Geschwindigkeit, mit der sich ein

Körper fortbewegt und seiner Nasengröße. Mit Beispielen aus dem Tierreich kann er seine These noch untermauern. Auch hier verfügen schnelle Tiere über große Nasen. Und der Forscher verweist auf einen praktischen Nutzen seiner Untersuchung: »Wer sein Nasenwachstum stoppen will, sollte auf keinen Fall Auto fahren. Das liegt auf der Hand.«

Der Forscher entwirft abschließend eine erschreckende Vision: Aufgrund der zunehmenden Geschwindigkeiten werden die Menschen in 50 Jahren nur noch riesige Nasen haben. Unser Schönheitsideal der kleinen zarten Nase wird aber bestehen bleiben. Eine mehrmalige Nasenoperation im Laufe des Lebens wird selbstverständlich werden.

Fernando Arrugar wird weiterforschen und versuchen, die Menschheit aufzurütteln. Daß ihn jetzt eine der Frauen wegen der großen Nase ihres Babys verklagt hat, rührt ihn nicht. »Für die Forschung müssen Opfer gebracht werden«, sagt er.

Geldfresser-Kult in Deutschland

Manager-Kult: Geld essen macht »high«

Ein neuer Kult greift in Deutschland um sich. Es sind die Geldfresser. Sie treffen sich in geheimen Zirkeln und essen gemeinsam Geldscheine. Der Grund: Geldessen macht noch härter und unnachgiebiger im Geschäftsleben.

Der Kult kommt aus Amerika. Dort ist er unter reichen Geschäftsleuten und Politikern weit verbreitet. In geheimen Sitzungen trifft man sich. Gewöhnlich Sterblichen ist der Zutritt verboten. Sie kämen auch kaum auf den Gedanken, ihr sauer verdientes Geld zu essen. Jetzt schwappt die Welle nach Deutschland über, obwohl hier das Vernichten von Geldscheinen verboten ist. In Düsseldorf gelingt es uns, einen Millionär zu interviewen, der dazugehört. »Wir treffen uns einmal im Monat. Gegen Mitternacht bilden wir einen Kreis, jeder legt ein Bündel Scheine vor sich hin. Wir verneigen uns vor dem Geld und sprechen ein spezielles Gebet. Dann essen wir es langsam und genüßlich auf. Natürlich nur Tausender.«

Die Mitglieder dieser Zirkel sind nicht verrückt. Sie tun es nur, um ihr Verlangen nach Geld noch weiter zu stärken.

»Es ist ein unwahrscheinliches Gefühl. Man muß es einfach mal probiert haben. Man nimmt einen Tausender in den Mund, feuchtet ihn an, kaut ihn langsam weich und läßt ihn sich auf der Zunge zergehen. Und das macht man so oft, bis man richtig satt ist. Da gehen schnell mal 20000 drauf. Und dann stellt sich dieses wunderbare Gefühl ein, daß man richtig heiß darauf ist, noch mehr Geld zu machen. Es ist herrlich.«

Seit der Düsseldorfer bei den Geldfressern ist, hat er nach eigenen Angaben sein Vermögen verzehnfacht. Er verweist uns darauf, daß Geschäftsleute zu allen Zeiten Geld vernichtet haben, um sich neu zu motivieren. Jeder kennt das Bild des reichen Mannes, der sich in der Öffentlichkeit eine Zigarre mit einem Geldschein anzündet. Wir wollen wissen, wie sich die Geldfresser erkennen. »Ach wissen Sie, neulich war ich in den neuen Bundesländern. Ich habe dort eine ganze Reihe von Immobilien. Ich traf mich mit Leuten aus der Politik zu Gesprächen. Wir sahen uns an, und da war alles klar. In der Nacht haben wir dann ein ziemlich exzessives Geldessen veranstaltet.«

Der Kult der Geldfresser weitet sich erschreckend aus. Die Namen der Mitglieder, die uns der Millionär zu vorgerückter Stunde nennt, lassen uns blaß werden.

Wir vermuten, daß es sich um ein Suchtverhalten handelt. Doch die Druckfarben und das Papier von Geldscheinen enthalten keine Drogen. Erst ein Psychologe weiß eine Antwort:

»Es handelt sich hier um ein ziemlich altes menschliches Verhaltensmuster. Wir finden es ganz offen bei primitiven Völkern. Sie essen Dinge, um sich deren Eigenschaften anzueignen. Bei dem auch mir bekannten Kult der Geldfresser funktioniert eine ähnliche Mechanik. Geld hat in seiner Wirkung etwas Magisches. Man liebt es. Man ordnet ihm Eigenschaften zu, über die es eigentlich nur mittelbar verfügt. Deshalb kann Geldessen manche Menschen in einen Rausch versetzen. Und natürlich macht die Zerstörung eines Kulturgutes den Menschen wieder zum Barbaren. Zerstörung und Aufbau sind Urtriebe. Das Ansammeln von Reichtümern funktioniert nach diesem Prinzip.«

Stasi-Arzt setzte Wanzen in Nasen ein

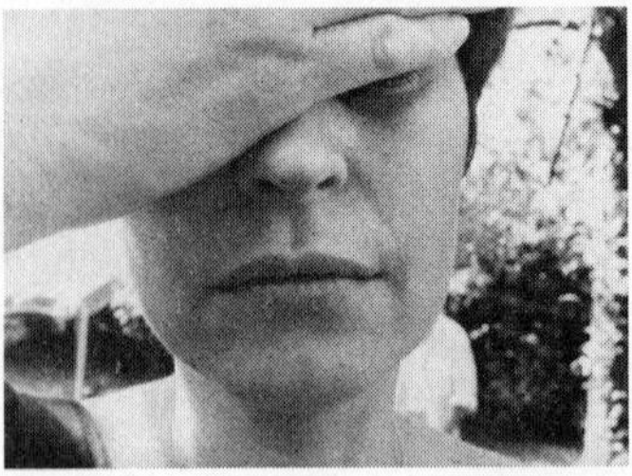

Helga R.: Der Stasi lauschte durch ihre Nase

Russisches Nasenabhörgerät

Die Meldungen, wie perfekt die Überwachung in der DDR funktionierte, reißen nicht ab. Jetzt kam eine besonders hinterhältige Methode des Staatssicherheitsdienstes ans Tageslicht. 53mal setzte ein Hals-Nasen-Ohren-Arzt im Auftrag des Stasi Abhörgeräte in die Nasen seiner Patienten ein.

Sind Sie ehemaliger DDR-Bürger und leiden unter einer verstopften Nase? Dann sollten Sie dringend einen Arzt aufsuchen, denn es könnte sein, daß man Ihnen eine elektronische Wanze eingesetzt hat. Tag und Nacht konnte der Staatssicherheitsdienst auf diese Weise alle privaten Gespräche mithören und aufzeichnen.

Durch einen Zufall wurde die raffinierte Abhörmethode jetzt entdeckt. Die Hausfrau Helga R. aus Eisenhüttenstadt hatte wieder einmal eine Erkältung. Als sie am Frühstückstisch niesen mußte, lag plötzlich ein kleines glitzerndes Ding auf ihrer Hand. Sie zeigte es ihrem Mann, einem Elektronik-Spezialisten. Der wußte sofort, was es war: Eine Abhörwanze. Und er hatte eine Erklärung:

»Natürlich wurde ich während der DDR-Zeit überwacht. Es war wegen meines Fachwissens. Und ich hatte ja viele Kontakte zum Westen. Aber ich habe nicht geglaubt, daß der Stasi so weit gehen würde. Eigentlich werden diese Geräte ja in Telefone,

Deckenlampen oder Blumensträuße eingesetzt, aber doch nicht in menschliche Körper.«

Helga und ihr Mann versuchten herauszubekommen, wie die Wanze in ihre Nase kam. Die Spur führte zu einem Arzt in der Nähe. Immer wieder hatte Helga ihn wegen chronischer Erkältungen aufgesucht. Als wir den Arzt damit konfrontieren, gesteht er sofort.

»Was sollte ich machen? Die haben mich unter Druck gesetzt. Ich bekam bestimmte Patienten. Unter dem Vorwand, ihre Nasenöffnung zu erweitern, setzte ich die Abhörgeräte ein. Ich habe es insgesamt 53mal machen müssen. Ich weiß nicht mehr bei wem, denn der Stasi hat alle meine Unterlagen nach der Wende vernichtet.«

Helgas Mann weiß, daß solche Geräte manchmal jahrelang funktionsfähig bleiben. Er hat selbst daran mitgearbeitet, die russischen Abhörgeräte ständig zu verbessern. Daß sie sich einmal gegen ihn selbst wenden würden, hatte er nicht geglaubt. Seine Frau ist empört. Sie will die Sache nicht auf sich beruhen lassen:

»Wenn ich bedenke, daß diese Schweine alles mitgehört haben, wenn wir so im Bett lagen... Und daß die vielleicht alles auf Tonbändern aufgezeichnet haben, dann will ich jetzt diese Bänder haben, bevor sie in falsche Hände geraten.«

Helga R. ist ihre Wanze los, doch viele tragen sie noch in der Nase. Der Arzt vermutet, daß er nicht der einzige war, der Abhörgeräte eingepflanzt hat.

»Sehen Sie, diese Geräte sind ja winzig klein, man kann sie überall einpflanzen, ohne daß der Patient es bemerkt. Alle Körperöffnungen eignen sich dazu. Und dann die kleinen Operationen. Leistenbruch, Hämorrhoiden, Zysten, Zahnoperationen.

Wer weiß, wie viele Menschen der ehemaligen DDR noch ein Abhörgerät unter der Haut tragen? Und die Unterlagen sind sicher alle vernichtet. Ich kann nur jedem raten, sich zu fragen, ob er vielleicht auch überwacht wurde. Und dann sollte er mit seinem Arzt sprechen. Wir konnten ja damals nicht anders. Teilweise haben wir ja auch an das System geglaubt. Es hatte ja auch gute Seiten. Heute mache ich mir natürlich Vorwürfe. Besonders wenn ich daran denke, daß immer noch 52 meiner Patienten mit einem Abhörgerät in der Nase herumlaufen. Das muß ja nicht mehr sein.«

Doping mit Atomstrom

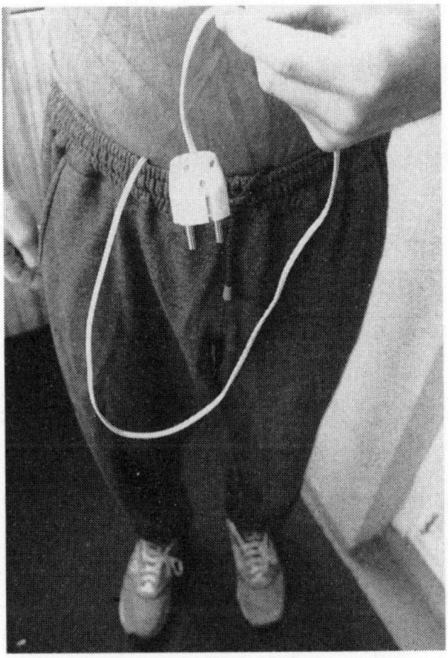

Einfach, aber wirkungsvoll: russischer Sportler mit Stromanschluß

Spritzen, Pillen und Tabletten. Die chemische Keule ist heute für viele Spitzensportler genauso selbstverständlich wie der tägliche Waldlauf. Doch seit die Dopingkontrollen immer schärfer werden, lauert beim Griff in die Hochleistungsapotheke nicht nur ein Gesundheits-, sondern auch ein Karriererisiko. Russische Sportmediziner gehen jetzt erfolgreich neue Wege. Sie dopen mit Atomstrom.

Professor Valentin Korsakiewitsch (48) ist Sportmediziner an der Universität Kiew. Wir treffen ihn in der Turnhalle auf dem Universitätsgelände. Nur etwa eine Handvoll Leichtathleten absolviert in der riesigen Halle gerade ein Zirkeltraining. Als wir Professor Korsakiewitsch auf die jüngste Erfolgsserie seines Sportkaders ansprechen, lächelt er kalt.

»Seit Jahren machen die westlichen Medien eine wahre Hetzjagd auf unsere Sportler. Sie wurden beschimpft und nach zweifelhaften Dopingkontrollen disqualifiziert. Aber so etwas wird es in Zukunft nicht mehr geben.«

Doping – im alten Sprachgebrauch der untergegangenen Sowjetunion schlicht »medizinische Unterstützung« genannt – wurde zum Stolperstein für viele Sowjetathleten. Professor Korsakiewitsch suchte mit seinem Team nach neuen Wegen der Leistungssteigerung. In einem Nebentrakt des Sporthallenkomplexes erklärt er uns seine verblüffenden Erkenntnisse.

»Diese elektrischen Apparate werden Spritzen, Anabolika, Hormone und Vitamine überflüssig machen. Sie schaden weder der Leber noch der Milz und führen kurzfristig zu einer fast 80prozentigen Leistungssteigerung.«

In diesem Moment öffnet sich die Tür. Eine Assistentin des sportmedizinischen Institutes führt einen Sportler herein. Lange Kabelstränge sind an seinen Armen und Beinen mit Klebeband befestigt. Am Ende der zusammenlaufenden Kabelstränge – ein Stecker. Wir wagen nicht, vorauszuahnen, was wir gleich erleben werden. Aber nachdem der Sportler sich auf dem aufgebockten Trainingsfahrrad warm gefahren hat, ist es soweit. Professor Korsakiewitsch: »Natürlich können wir unsere Athleten nur für ein paar Sekunden aufladen. Aber der Effekt ist verblüffend.«

Mit einer schnellen Handbewegung steckt der Professor den Stecker in eine Steckdose in der Wand. 220 Volt schießen in den Körper des Sportlers. Für einen Moment verkrampft er sich. Der Professor zieht den Stecker wieder aus der Steckdose. Im selben Moment lösen sich die Muskelkrämpfe des Sportlers und entladen sich als geballte Energie in die Pedale des Fahrrades. Scheinbar mühelos bringt der aufgeladene Sportler das Gerät auf Hochtouren. Sein Puls bleibt dabei völlig normal. Die Anstrengung nimmt er nicht einmal wahr. Wir sind beeindruckt. Professor Korsakiewitsch erklärt:

»Wir laden unsere Testpersonen etwa ein bis zwei Sekunden auf. Die Energie hält sich etwa 15 Sekunden im Körper. Das reicht für die meisten leichtathletischen Disziplinen wie für den Hochsprung, Weitsprung und 100-Meter-Lauf.«

Auch auf die Frage, warum westliche Sportzentren und dortige Trainer diese alternative Energiezufuhr für Spitzensportler nicht nutzen, weiß der intelligente Russe eine Antwort.

»Wissen Sie, unser Strom ist nicht wie Ihr Strom. Hier in Kiew hängen wir glücklicherweise am Netz von Tschernobyl. Also dem Teil vom Reaktor, der noch arbeitet. Der Atomstrom ist für unsere sportmedizinische Forschung unbezahlbar. Nur mit ihm können wir direkt in die Molekularstruktur der einzelnen Muskelpartien eingreifen.«

Doping mit Atomstrom. Wirksam, sauber, legal und, glaubt man den russischen Experten, ohne schädliche Nebenwirkungen für die Gesundheit der Spitzensportler. Wir zweifeln daran und fragen nach. Der Professor dazu: »Unsere Versuche haben uns die Unbedenklichkeit von Atomstrom bestätigt. Nebenwirkungen, bis auf Haarausfall und eine paar kleinere Verbrennungen, konnten wir nicht beobachten. Probleme haben wir allerdings noch mit den Ausdauersportarten. Uns fehlen leichte, leistungsstarke Batterien, die die Sportler am Körper tragen können. Beispielsweise beim Marathonlauf oder beim Triathlon. Gezielte Energiestöße könnten hier für neue Bestzeiten sorgen.«

Gemeinsam verlassen wir das Trainigszentrum. Eine Gruppe verkabelter Hochspringer macht sich im Hof gerade sprungfertig. Professor Korsakiewitsch begleitet uns noch bis an das schwere eiserne Tor. Der Pionier in Sachen Atomstromdoping wagt noch einen Blick in die Zukunft:

»Noch mag das alles in Ihren westlichen Augen nicht ausgereift sein. Aber seien Sie gewiß, bei der nächsten Olympiade werden Sie erleben, daß sich unsere Forschung gelohnt hat.«

Wild auf Erfolg!

Das Karrierebuch
Herausgegeben von Franziska Polanski
139 Seiten. Serie Piper 1337

Auf den Karriereleitern der Ellenbogengesellschaft sind kumulative Nervenzusammenbrüche ebenso an der Tagesordnung wie schwere Erfrierungen, wenn wieder einmal einer versucht hat, eiskalt zu bleiben – möglichst lange. Kein Wunder, wenn da so mancher hochgetunte Turbomanager schon mit dreißig ans Aussteigen denkt. In diesen rasant beschleunigten Kreisen geht auch bei denen, die wild auf ihn sind, die Angst vor dem Erfolg um.
Dem gegenzuwirken mit Hilfe der satirisch gespitzten Feder hat sich dieser nützliche Ratgeber vorgenommen – über den Erfolg und vor allem über die, die ihn so über alle Maßen brauchen, lassen sich in diesem Band Satiriker von Karl Valentin bis Gerhard Polt aus. Und Zeichner von Wilhelm Busch bis Gary Larson rücken den Katechismus der Leistungsgesellschaft ins rechte Bild.

Lust am Lachen

Ein Lesebuch.
Hrsg. von Uwe Heldt.
406 Seiten. Serie Piper 1170

Den verschiedenen Spielformen, das Zwerchfell zu erschüttern, will dieses Lesebuch nachspüren, und dabei versuchen, allen Varianten des Lachens gerecht zu werden – neben dem donnerhallend-schenkelklopfenden also auch und vor allem jenem Gelächter, zu dem die Literatur einlädt: eher leise, aber lange wirksam mit List und Raffinesse angezettelt.

Lust am Weiterlachen

Ein Lesebuch. Hrsg. von Uwe Heldt.
317 Seiten. Serie Piper 1750

Auf den erfolgreichen Band »Lust am Lachen« folgt mit unerbittlicher Logik die Sammlung »Lust am Weiterlachen«, die wiederum Meisterstücke des literarischen Humors in der Farbskala von grell bis schwarz versammelt.

Joachim Schwedhelm
Wen die Standuhr schlägt

Ein satirisches Stundenbuch
189 Seiten. Serie Piper 1586

Zwischen Nonsens und Satire, zwischen Limerick und Moritat bewegen sich Texte, die Joachim Schwedhelm in den letzten Jahren in vielen großen Zeitungen und Illustrierten publiziert und hier in Form eines humoristischen Stundenbuches für alle möglichen Lebenslagen gesammelt hat.
Ob in der »Lehrstunde« Sinn und Unsinn der höheren Bildung abgehandelt wird, in der »Fahrstunde« über Lust und Last des Automobils diskutiert wird, ob sich die »Freistunde« dem Elend der Nicht-Arbeit widmet – überall packt der satirische Biß des Autors den Zeitgeist beim modisch geföhnten Schopf und beutelt ihn gehörig, ohne dabei gleich mit dem moralischen Spiegel zu fuchteln.